四特 教育系列丛书 SITEJIAOYUXILIECONGSHU

从历代名著
学习教育思想

《"四特"教育系列丛书》编委会　编著

吉林出版集团股份有限公司
全国百佳图书出版单位

图书在版编目 (CIP) 数据

从历代名著学习教育思想／《"四特"教育系列丛书》
编委会编著 . — 长春：吉林出版集团股份有限公司，2013.1
（"四特"教育系列丛书）
ISBN 978-7-5534-1033-3

I. ①从… II . ①四… III . ①教育思想－中国 IV .
① G40-092

中国版本图书馆 CIP 数据核字（2012）第 279777 号

从历代名著学习教育思想
CONG LIDAI MINGZHU XUEXI JIAOYU SIXIANG

出 版 人	吴　强	
责任编辑	朱子玉　杨　帆	
开　　本	690mm×960mm　1/16	
字　　数	250 千字	
印　　张	13	
版　　次	2013 年 1 月第 1 版	
印　　次	2023 年 2 月第 3 次印刷	

出　　版	吉林出版集团股份有限公司
发　　行	吉林音像出版社有限责任公司
地　　址	长春市南关区福祉大路 5788 号
电　　话	0431-81629667
印　　刷	三河市燕春印务有限公司

ISBN 978-7-5534-1033-3　　　　定价：39.80 元

前　言

　　学校教育是个人一生中所受教育最重要的组成部分，个人在学校里接受计划性指导，系统地学习文化知识、社会规范、道德准则和价值观念。学校教育从某种意义上讲，决定着个人社会化的水平和性质，是个体社会化的重要基地。知识经济时代要求社会尊师重教，学校教育越来越受重视，在社会中起到举足轻重的作用。

　　"四特教育系列丛书"以"特定对象、特别对待、特殊方法、特例分析"为宗旨，立足学校教育与管理，理论结合实践，集多位教育界专家、学者，以及一线校长、教师们的教育成果与经验于一体，围绕困扰学校、领导、教师、学生的教育难题，集思广益，多方借鉴，力求全面彻底解决。

　　本辑为"四特教育系列丛书"之《教师全方位修炼》。

　　教师的职业是"传道、授业、解惑"，教师的职责是把教学当成自己的终生事业，用"爱"塔起教育的基石，用自己的学识及人格魅力，激发学生的兴趣，促进学生的健康成长。

　　俗话说："教师不能半桶水。"学生专业知识水平的高低，很大程度上受教师知识水平的制约，如果教师在教学中对教材分析不透，对知识重点把握不准，要点讲解不清，那么学生听过他的课就会产生一种模糊的、收获不大的感觉。因此教师必须知识广博，语言丰富，这样学生才能学到真正的知识。本书从新世纪、新时代经济和社会发展的要求出发，理论与实践相结合，对新世纪教师素质及其修养等一系列问题，做了比较全面、系统、深入的阐述。可以说，这是一项十分有意义的工作。

　　本辑共 20 分册，具体内容如下。

　　1.《师魂》

　　教师被人们称为"人类灵魂的工程师"，担负着传授知识、传承文明、培养人才、提高民族素质的光荣任务。教师的最高境界需要"忙人之所闲，闲人之所忙"，从有到无，从无到有；从看教育是教育，到看教育不是教育，再到看教育还是教育，这就是对教育的最大贡献，让人的精神生活世界有生机、有活力、有智慧。

　　2.《以礼服人》

　　教师要正确领会礼仪、礼貌、礼节、仪式和教师礼仪的概念，领会礼仪的地位和作用，掌握教师礼仪的原则、方法，坚持科学发展观，为构建社会主义和谐校园而奋斗。教师的一举手、一投足，甚至一颦一笑，都蕴含着教育的力量。本书从教师的个人形象、教师的服饰、教师的语言、师生关系礼仪、教师与家长沟通礼仪、同事共处礼仪、集会礼仪和社会交往礼仪等方面，系统阐述了教师礼仪的一些基本常识。

3.《教师的一生修炼》

本书将重点探讨如下诸方面的理论与实务：职业规划——自我实现的教育生涯、如何设计职业生涯、职业发展规划行动、教师入职与离职规划、新教师角色适应规划、教师专业发展规划、校长成长规则、职场诊断与修炼、潜能开发及享受学习化教育生活等。

4.《育人先做人》

教师是学生智慧的启蒙者，是学生未来的引领者。教师的质量决定了教育的质量，教师的品质决定了教育的品位，教师人格的完善能够提升教育的水准。教育职业对教师人格提出了严格的要求：在教师自身的人格教育中不断提升自我，完善人格。人格教育是一生的工作，提升自我、完善人生会伴随一个人一生的历程。

5.《教育语言随心用》

本书内容涵盖了教学语言艺术和教育语言艺术训练的方方面面，从宏观综论到微观剖析，从课堂艺术到辅导艺术，从艺术对话到精彩演讲，从个性张扬到群体发展，从全体教育到特殊教育，质朴无华，内容充实，观点鲜明，为教师深入研究和准确使用教学语言和教育语言提供了可以借鉴的经验。

6.《师者无敌》

本书编写的基本理念：从内容构架而言，以促进教师对自身职业的理解为基础，以增进教师职业人生的完善为基本目标，以启发、引导的方式来促进教师德性的自主形成；从编写形式而言，力求摆脱单一的理论说教，从当代教师职业生活实际出发，抓住主要问题，采取生动、灵活的语体形式，把精要的论述与典型的事例结合起来，注重该书的可读性。

7.《教师的信仰》

职业精神是教师不可缺失的、最本质的东西。一个教师能不能成为好教师、名教师，关键是有没有职业道德，有没有职业精神。今天的教育，缺的不是楼房，而是文化与技术；缺的不是理念，而是行为与操作；缺的不是水平，而是责任和精神。教育的希望，在于教师良心的回归、精神家园的重建。只要有了良好的精神状态，我们就有战胜任何困难的勇气，就有奋然前行的动力。

8.《看透学生的心理》

学生的心理困惑从何而来？概括来说就是一"高"一"低"："高"，学生是个承载社会、家长高期望值的群体，自我成才欲望非常强烈；"低"，其心理发展尚未成熟，缺乏社会经验，适应能力较差。正是这欲望与不能之间的矛盾造成了学生的心理问题。我们编写了本书，是期望引导教师与青少年共同克服这一难题，使学生打开人生的成功局面。

9.《卓越教师》

突出骨干教师的培训，既是加强中小学教师队伍建设的当务之急，又是提高教师质量的长远之计。本书在编写上提倡以培训学科带头人为目标，以现代教育思想、现代教育技术、特级教师的学术报告及当前教改的热点问题为研究内容，源于实践又高于实践，可用做骨干教师的培训教材，也可用于普通教师的自我阅读与提高，以期使教师在一定的时间内达到或接近特级教师的水准，成为学科带头人。

10.《与学生打成一片》

如何做最受学生欢迎的教师，是每个教师都要思考的问题，也是每个教师所希望的。然而，学校的课程很多，语文、数学、英语、科学、音乐、美术、体育等，每门学科都有自身的特点，每个学生都有自己的喜好，教师都能真正做到让每个学生喜欢吗？本书将教会教师怎么样靠自己的才能和高尚的品德赢得学生的喜欢和尊重，让每一个教师都能成为受学生欢迎的教师。

11.《培养教师爱岗敬业精神》

本书从教师的角度，阐述了教师爱岗敬业所带来的深刻变化，介绍了爱岗敬业的途径和方法，从勇于负责、乐于服从、热情专注、自动自发、团结协作、勤奋努力、敢于创新、节俭高效等方面，结合大量教育实例和人生哲理，向广大教师提出了爱岗敬业的崇高理念和修炼方法，期盼每一个教师都能从中受益。

12.《教师职业道德与素质培养》

当前，各级教育行政部门和社会各界都非常关注师德建设，师德教育已经被列为教师继续教育的重要内容之一。本书以专题研究为主线，以典型的案例及案例分析为依托，从教师工作、生活实际出发设置情境、提出问题，突出师德教育的操作性和实效性。本书将适应新世纪对教师职业道德建设的需求，该书也适用于在校师范生及申请教师资格者学习。

13.《教师怎样提升教学质量》

每位教师的心里都有一个美好的心愿，那就是使自己的教学质量得到最大限度的提高。众所周知，教学质量是一个学校的生命线，如何提高教学质量是每一位教师时刻都在研究、都想努力做好的一件事。要让教育不平凡，出路就在于能突破平常很容易被封闭的平庸局面。优秀的教师，会善于用智慧慢慢凿开通向教育风景的出口。

14.《教师快乐工作指导》

教师工作细致而烦琐，教师不仅要组织好各种教育教学活动，还要保证学生的身心安全。长期的忙忙碌碌、精神高度集中，教师容易产生麻木、倦怠、疲劳的心理。为使教师们消除职业倦怠，学会快乐地生活，愉快地工作，需要多渠道支持帮助教师进入积极健康的工作和生活状态，从心理、物质和精神上给予其帮助和支持，让教师感受到集体的关怀和温暖。

15.《教师工作减压指导》

当教师很累，这已经是所有中小学教师共同的感受。中小学教师劳动强度很大，长此以往，就很容易使教师患上疲劳综合症，导致未老先衰，甚至英年早逝的恶果，对教育的可持续发展和教师队伍的稳定十分有害。中小学教师的过劳问题应当引起政府有关部门的高度重视，以人为本的科学发展观要落到实处，不要仅仅停留在口头上。教师个人不要只等待有关部门的措施，也要想方设法给自己"减压"，以防被疲劳综合症缠身。

16.《教师文娱活动指南》

教师与家人、朋友一起开开心心地度过课外时间与休息日，使身心从工作中彻底解脱出来，得到完整的休整，全面地恢复。

17.《教师心理健康指南》

随着竞争愈来愈激烈，教师的工作节奏日趋紧张，精神上容易产生巨大的压力，精神上和身体上的超负荷状态对健康是非常不利的。如果不注意休息和调节，中枢神经系统持续处于紧张状态，久而久之可导致交感神经兴奋增强，内分泌功能紊乱，产生各种身心疾病。本书力图从教师职业发展的实际需求出发，注重必要的理论引领与生动的案例分析相结合，突出专业性、应用性、操作性、可读性，可为广大中小学教师培训、自学提供借鉴，也可为高校相关专业学生的学习、研究提供参考。

18.《教师怎样进行教学改革创新》

立足素质教育的学理，探析课堂教学的变革，反思课堂教学实践，重新审视素质教育理论，本书正是在实践和理论的互动中探讨我国教育的现实与未来。

19.《从历代名著中学习教育思想》

本书选读世界知名教育家在世界教育史上具有重大影响和学习价值的教育名著部分章节。每位教育家及其著作均有作者简介、成书背景、内容精要、名著选读等内容。本书结合这些教育名家的成长经历，阐述了不同名著的理论内容和实践特色，批判继承了中外历史上进步的教育思想，对于提高读者的教育理论素养，提升教育工作者的教学水平和创新能力具有一定的借鉴意义。

20.《向教育名家学习教育智慧》

本书着重介绍当代教育家的教育思想。中国是一个教育大国，理应对全人类的教育作出自己的贡献。在两千多年的历史文明进程中，中国也确实不断为世界教育的进步贡献自己的教育思想、教育制度和教育智慧。中华人民共和国成立以来，尤其是改革开放以来，中国教育发生了深刻变化，取得了巨大成就，同时也不断涌现出新的教育思想、新的改革成就和新时代的教育家。我国一大批教育专家学者上下求索，大胆实践，为教育发展出谋划策，为教育改革殚精竭虑。他们的学术思想和教育实践直接推动了我国的教育改革与发展，并将对今后的教育实践与研究产生影响。

由于时间、经验的关系，本书在编写等方面，存在不足和错误之处，衷心希望各界读者批评指正。

编者

目　录

1

第一章

古代名著中的教育思想

《论语》中的教育思想

作者生平简介

孔子（公元前 551 年—前 479 年），名丘，字仲尼。鲁国陬邑（今山东曲阜东南）人。春秋末期思想家、政治家、教育家，儒家学派的创始人。他的祖先是宋国贵族。自孔子的六世祖孔父嘉之后，后代子孙开始以孔为姓，其曾祖父孔防叔为了逃避宋国内乱，从宋国逃到了鲁国。父叔梁纥为鲁国武士，以勇力闻于诸侯。

孔子三岁丧父，母亲颜征辛苦地教育抚养他。孔子十五岁立志于学。也曾做过管理仓库和管理牛羊的小官。他虚心好学，学无常师，相传曾向老子请教"礼"的问题，向苌弘学习音乐，向师襄学习弹琴。孔子三十岁左右，已经以博学知名于世，并开始授徒讲学，开创私人办学之先河。他传授《诗》《书》《礼》《乐》等古代文化典籍。颜路、曾点、子路、伯牛、冉有、子贡、颜渊等，是孔子较早的一批弟子。连鲁国大夫南宫敬叔和孟僖子的儿子孟懿子都来向他学"礼"。

三十五岁时，鲁国发生内乱，孔子去了齐国，受到齐景公的赏识和厚待。齐景公向孔子询问政事，孔子说，国君要像国君，臣子要像臣子，父亲要像父亲，儿子要像儿子。"景公极为赞赏，想重用孔子，但被大夫晏婴阻止。

孔子行教像

孔子是中国儒家学说的创始人。他的思想体系以德治为核心，教导人们积极奉行"己欲立而立人，己欲达而达人""己所不欲，勿施于人"的"忠恕之道"。由于孔子的卓越贡献和思想影响深远，他被后人尊称为"至圣先师""万世师表"。

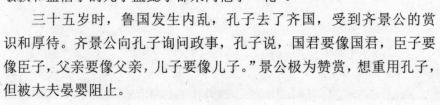

不久，孔子返回鲁国，继续钻研学问，培养弟子。五十一岁时，孔子出任鲁国中都宰，第二年提升为鲁国司空、大司寇。鲁定公十年（公元前500年），鲁、齐两国夹谷之会，齐景公欲威胁鲁国国君就范，孔子以礼斥责齐景公，保全了国格，使齐侯不仅答应定盟和好，还将郓、讙、龟阴三地归还鲁国。五十四岁时，孔子受季桓子委托，摄行相事。他为了提高国君的权威，提出"堕三都"、抑三桓（鲁三家大夫）的主张，结果遭到三家大夫的反对，未能成功。五十五岁时，鲁国君臣接受了齐国所赠的宝马美女，终日迷恋声色。孔子则大失所望，随后弃官离开鲁国，带领弟子周游列国，另寻施展才能的机会，终无所遇。鲁哀公十一年（公元前484年），孔子六十八岁，鲁国季康子听了孔子弟子冉有的劝说，派人把孔子从卫国迎接回来。

孔子回到鲁国后，鲁国人尊称他为"国老"，鲁哀公与季康子常以政事求教孔子，也给他很高规格的待遇，但仍没有真正地重用他。孔子晚年继续从事教育和整理文献。他一边教学，一边整理文化典籍，对《诗》《书》《礼》《乐》《易》《春秋》六部古籍进行删订，编成最后的教材定本。

孔子返鲁

孔子迭遭不幸，他的独子孔鲤和两个重要弟子颜渊、子路都先他而死。鲁哀公十六年（公元前479年），孔子病逝于家中，终年七十三岁。鲁哀公专门写了悼词，弟子们为孔子举行了隆重的葬礼，把他葬在鲁城北泗水之上，并守孝三年。

孔子一生的主要言行，经其弟子和再传弟子整理编成《论语》一书，成为后世儒家学派的经典。

孔林

在孔林中，有的墓前还存有石雕的华表、石人、石兽。这些都是依照墓中人当时被封爵位的品级设置的，整个孔林延用两千五百年，内有坟冢十余万座。孔林是延续年代最久、保存最完整的家族墓地。

孔子的教育思想

与从政事业相比较，孔子一生在教育领域取得的成就要大得多。春秋以前，学在官府，文化知识被贵族垄断。孔子首创私人讲学，面向社会广泛招收学生，通过传授文化知识来培养从政人才，对之后的历史产生了巨大影响。孔子有弟子三千，其中精通六艺者七十二人。这些弟子在孔子死后继续游历各诸侯国，推动了各国政治体制由贵族制向官僚制的过渡。同时，他们从不同侧面传播孔子思想，为战国时期百家争鸣局面的形成创造了条件。孔子通过四五十年的教学实践，一方面教出许多优秀的学生，桃李满天下，另一方面也总结出了许多重要的教育经验。

在教育指导思想方面，孔子主张"有教无类"（《论语·卫灵公》），即受教育者不应分贵贱、贤愚，应该机会均等。这一思想打破了教育的等级界限，扩大了教育对象，使教育扩及于广大平民，这在当时无疑具有重大的进步意义。

在教学方法方面，他提出"因材施教"（《论语·为政》），重视启发式教育，注意培养学生的学习自觉性和独立思考能力。为贯彻这一思想，孔子对不同的学生采取不同的教育方法，不要求学生死读书，而贵在触类旁通，孔子还强调在实行启发诱导的基础上，必须注意循序渐进。孔子对学生进行循循善诱、启发教育的教学方法，在我国教育史上具有重要地位。

在教育的基本内容方面，孔子长期从事教育工作，教育的内容十分广泛，但他所用的教材多是沿用周代贵族学校所用的六艺，即《诗》《书》《礼》《乐》《易》《春秋》。其中，《诗》《礼》是孔子教学的主要课程。孔子不仅重视《诗》《礼》的教育，而且重视对这些内容的总结和挖掘，它对中国古代教育内容的丰富和完善起到了重要的促进作用。

在教育的培养目标方面，孔子认为除了用仁、义、礼净化人们的灵魂，协调人们的社会行为，更主张"学而优则仕"（《论语·子张》），培养具有仁义之心的士君子，以治国安邦。孔子以天下为己任，为恢复西周初年的繁荣盛世而奔走。他兴办教育，广收弟子，目的是通过众弟子传播自己的思想学说，通过优秀的出仕弟子来推行自己的政治主张。当然，孔子的教育思想不可避免地体现着阶级属性，但作为社会的人，孔子在当时历史条件下所倡导的许多思想，本身具有符合人类共性的成分，是中华民族传统美德不可或缺的组成部分，应辩证地分析和扬弃。

总之，孔子的教育思想具有一定的科学性，是在综合总结了人的心理和生理的若干特征的基础上阐发的关于教育的一系列思想原则，对现代和后世教育都具有指导意义。

育民治政，育己修身

《论语》有关孔子教育智慧的记述非常广泛，分别对教育的作用、对象、目的、方法等多个方面作了比较全面的阐述，可以称为中国最早的教育著作之一。

《论语》遵从"教育兴国"的思想,认为治理国家最根本的要靠教育。孔子说:"道之以政,齐之以刑,民免而无耻。道之以德,齐之以礼,有耻且格。"(《论语·为政》)只靠政令、刑律去治理国家,百姓只能被动地去遵纪守法,而不会有廉耻之心,不懂得为什么要去遵纪守法,这样不能达到治国的目的。孔子认为政令、刑律都不如教育有效。当政者应当以身作则。要求百姓做的事情,当政者首先要告诉百姓,使百姓清楚国家的政策,即孔子所讲的引导百姓。"其身正,不令而行;其身不正,虽令不从。"(《论语·子路》)领导者严于律己、以身作则、带头做好,不用发命令,事情也行得通;如果领导者自己的行为不端正,纵然三令五申,百姓也不会信从。从《论语》的孔子语录中,我们可以清楚地看出《论语》的思想主旨即重视身教。治理国家要靠领导人的作风,要靠榜样的作用,德育教化的力量更胜于严峻的刑律。

《论语》重视人民,主张富民,更突出强调了通过教育来提高人民的综合素质,增强治政效果。《论语·子路》中记载孔子到卫国去,冉有替他驾车,孔子看到卫国人口很稠密,不禁称赞:"人口好多啊!"冉有问他人口多了,应该怎么办呢?孔子说,应该让他们富裕起来。冉有又问,如果富裕了又该怎样呢?孔子说,让他们受教育。孔子虽然在这里谈到了先富后教,但他并不认为只有富裕以后才能进行教育,而是始终把教育作为立国之本,放在治国的首位。《论语·颜渊》中记载"子贡问政",子曰:"足食、足兵、民信之矣。"这里把"足食、足兵、民信"作为立国的三项基本条件,只有"足食""足兵"才能取得"民信"。

有教无类,性近习远

孔子认为所有的人都有学习和受教育的权力,他主张"有教无类",不分身份和地位,人人都可以受教育。孔子的教育对象、教学内容和培养目标都有自己的独特性。他办教育,反映了当时文化下移的现实,使学在官府的局面得到改变,除了出身贵族的子弟可以受教育,其他各阶级、阶层都有了受教育的机会。所以，孔子是中国古代伟大的教育家，开创了中国古代私学的先例，奠定了中国传统教育的思想基础。

《论语》不仅极力倡导孔子"有教无类"的主张，而且记录了孔子身体力行，在教学实践中贯彻了其主张，在他的弟子中有各式各样的人，既有贵族，也有下层民众。孔子"有教无类"的教育实践，确实对我国教育的发展起了推动作用，使不少底层民众也能有受教育的机会。

孔子曾提出"性相近也，习相远也"（《论语·阳货》），主张学而后知，他说："我非生而知之者，好古，敏以求之者。"（《论语·述而》）他认为人的素质都是一样的，只因为环境与教育的不同，才使人有了差别，尽管当时孔子已被人尊为圣人，但在这方面他始终强调自己不是生而知之的人，是学而后知的。《论语》中多处谈到这方面的问题，也代表了《论语》的教育观点和教育信念。

仁者爱人，学优则仕

孔子思想体系的核心概念是"仁"。"仁"的最简单表述就是"爱人"，即对人尊重和有同情心。孔子认为，一个人如想达到"仁"的标准，应以"礼"为规范，"克己复礼为仁"（《论语·颜渊》），即通过对自己的克制和约束以提高道德水平，从而符合礼的要求。他说"夫仁者，己欲立而立人，己欲达而达人。"（《论语·雍也》）就是指自己要在社会上取得自立，在事业上顺畅通达，也要帮助别人做到这样。孔子的学生概括他的为人处世之道是"己所不欲，勿施于人"（《论语·颜渊》），即"忠恕"思想，其中体现出一种关怀互助和平等相待的人文主义精神。孔子将"仁"看作道德的最高准则，也是道德的总体，孔子还提到很多其他道德名目，如忠、孝、悌、廉、俭、恭、宽、信、敏、惠等。但在他看来，这些名目属于局部性的东西，能做到某项或几项，值得肯定，但还不能算是达到"仁"。"仁"是孔子思想的核心，也是他心中追求的最高理想。他认为，只有仁者才能成名，才能去恶，成为一个完人。他无时无刻不是在教导人们努力求仁。他评价人物也是以"仁"为标准，他虽然并不轻易说某人仁，但还是认为通过努力学习、加强修养、勤于实践是可以达到"仁"的。

孔子主张行"仁政"，认为只有受过良好教育和具有治理国家的能力，并且道德高尚的人，才会施行"仁政"。孔子从事教育的目的在于培养具有仁义之心的士君子，以治国安邦。事实上，在孔子的七十二位得意门生中，从政者为数不少。这说明孔子的教育思想及培养目标与当时的社会需要是一致的，体现了教育的社会价值。

孔子希望其门人"学而优则仕"，志在教育出有仁德的君子，能够辅助君主推行"仁政"、安邦定国。"仕而优则学，学而优则仕。"子夏的这句话集中概括了孔子的教育方针和办学目的。做官之余，还有精力和时间，那他就可以去学习礼乐等治国安邦的知识；学习之余，还有精力和时间，他就可以去做官从政。孔子说："先进于礼乐，野人也；后进于礼乐，君子也，如用之，则吾从先进。"（《论语·先进》）也就是主张用先学了礼乐知识的人，而不用做了官才去学习的人。这种重视用学习过的人去做国家官吏的思想，是有积极意义的。尽管这是封建时代中很难实现的一种理想的吏治制度，但对我们古代吏治的发展和改观也曾起过积极作用。

"文行忠信"始为教

《论语》通过孔子的言论反映出的教育观点及教育内容应该包括四个方面，"子以四教：文、行、忠、信"。（《论语·述而》）也就是说要从文化知识、社会实践、对人忠心和讲究信用四个方面来教育学生。其中最受重视的、最核心的是道德修养，"弟子入则孝，出则悌，谨而信，泛爱众，而亲仁。行有余力，则以学文。"（《论语·学而》）意思是首先应教育学生在家孝顺父母，外出敬爱兄长，不多说话，说则诚实可靠，博爱大众，亲近有道德的人，在有余力的时候，就去学习。"不学礼，无以立"，（《论语·季氏篇》）不学习礼，就没有道德标准，就失去了立足于社会的根本。还要重视学诗，认为"不学诗，无以言"

（《论语·季氏篇》）。由此可见，《论语》倡导教育内容要丰富，而且教育内容要理论与实践相结合，使学生能够通过实践去理解道理。可贵的是，尽管在当时宗教迷信思想流传很广，而孔子却对此持怀疑态度。当然，《论语》所反映的教育内容由于受时代的局限，关于自然科学知识讲到的很少。

教与学原则和方法

《论语》中所记录的教育实践活动和教学经验是非常丰富的，提出了许多有价值的教学原则和方法，直到今天，其中的许多教学原则和方法还都适用，值得后世借鉴。

1. 学和思

《论语》中记载了许多孔子重视学习的言行。"朝闻道，夕死可矣。"（《论语·里仁第四》）"学如不及，犹恐失之。"（《论语·泰伯》）说明了自主学习的重要性。《论语》中明确反对死读书，"吾尝终日不食，终夜不寝，以思，无益，不如学也。"（《论语·卫灵公》）通过思考才能形成自己的观点，做到融会贯通。孔子重视学和思，并且认为应该正确对待学和思，"学而不思则罔，思而不学则殆。"（《论语·为政》）《论语》已经认识到学习应该学思并进，不可偏废其一。

孔子讲学

2. 学以致用

孔子认为学习的目的是为了应用，他说："诵诗三百，授之以政，不达；使于四方，不能专对；虽多，亦奚以为？"（《论语·子路》）意思是诗读得很多、很熟，让他从政，却不会办事；让他出国办外交，又不会独立地从事谈判；虽然读得多，又有什么用呢？从《论语》中的记载来看，孔子的弟子很多，其中很多人都有专长，他们通过学习出仕为官，并能把学过的东西用于治理国家，而且很有能力，这都说明孔子"学以致用"的教育是有成效的。

3. 学习态度方法

《论语》中关于学习态度有"毋意，毋必，毋固，毋我"《论语·子罕》的观点，意思是学习不凭空揣测，不全盘肯定，不拘泥固执，不自以为是。孔子认为"工欲善其事，必先利其器。"（《论语·卫灵公》）

"盖有不知而作之者，我无是也。多闻，择其善者而从之，多见而识之，知之次也。"（《论语·述而》）意思是说，他不是自己不懂却凭空造作的人，而是多听，选择其中合理的部分接受；多看，并且把它记下来，这是仅次于生而知之的知。"生而知之"的人是没有的，"不知而作"是不应该的，正确的学习态度还是应该努力学习，只有学而后知才是真实的，多闻择善而从，多见而识才是正确的学习方法。

学无常师，向一切人学习，这是一种自主学习的思想。"三人行，必有我师焉。择其善者而从之，其不善者而改之。"（《论语·述而》）"以能问于不能，以多问于寡，有若无，实若虚，犯而不校。"（《论语·泰伯》）即使是自己有能力，也向比自己能力差的人去请教，自己知识丰富也向比自己知识差的人去求教，有学问却像没有学问，有知识却像没有知识。这种谦虚谨慎的学习态度是十分可贵的。"君子不器"（《论语·为政》），君子不能像器具一般，只有一种用途，应该多才多艺，有多方面的知识和能力，才能成为治国的人才。"每事问"（《论语·八佾》），虚心向一切人学习才可能成为当时博学多识的大学者。"温故而知新，可以为师矣"（《论语·为政》），要在温习旧的知识时，通过思考，有新的发现和体会，有创造性的人，才可以做老师，实际上是提出一种创造性学习的要求。"知之为知之，不知为不知，是知也。"（《论语·为政》）强调正确的学习态度是实事求是。

4. 师生关系

《论语》中唯一没有明确提出的关于教学成功的一个重要因素，就是良好的师生关系的建立。但是《论语》有多处记载，如孔子对学生"爱之，能勿劳乎？忠焉，能勿诲乎？"（《论语·宪问》）"当仁，不让于师。"（《论语·卫灵公》）"二三子以我为隐乎？吾无隐乎尔。吾无行而不与二三子者，是丘也。"（《论语·述而》）"后生可畏，焉知来者之不如今也。"《论语·子罕》等。孔子能够民主、平等、率真地对学生，这是他尊重学生的根据。"颜渊死，子哭之恸。""噫！天丧予！天丧予！"（《论语·先进》）有力地说明民孔子对弟子有着深厚的感情。

5. 因材施教

《论语》主张因材施教。孔子在施教时，特别注意对学生启发诱导。"不愤不启，不悱不发。举一隅不以三隅反，则不复也。"《论语·述而》颜渊在说到孔子时说："仰之弥高，钻之弥坚。瞻之在前，忽焉在后。夫子循循然善诱人，博我以文，约我以礼，欲罢不能。既竭吾才，如有所立卓尔，虽欲从之，末由也已。"（《论语·子罕》）《论语》中有许多记载孔子教学时是如何循循善诱，使学生学习起来"欲罢不能"的内容。孔子还注意要根据一个人的年龄特点进行自我修养的引导和教育，"君子有三戒：少之时，血气未定，戒之在色；及其壮也，血气方刚，戒之在斗；及其老也，血气既衰，戒之在得。"（《论语·季氏》）这种认识仅仅是从生理上进行的初步的、肤浅的探究，还不够科学，但已经难能可贵了。

孔子是十分成功的教育家，他办学的规模与他的教育思想和他创立的许多教学方法在当时是无人可比的，对后世的影响更为深远。《论语》是一部重要的古代教育宝书，它比较全面地记载了孔子的教育智慧，成为中国传统教育智慧的象征。

《墨子》中的教育思想

墨子的生平

1. 生于木匠世家，终成科学圣人

墨子，名翟。据考证，他是春秋战国之际小邾国（山东滕州市木石镇）人，约生于公元前 *468* 年，卒于公元前 *376* 年。

墨子

墨子是目夷氏的后裔。据《史记·殷本纪》记载："契为子姓，其后分封，以国为姓，……有目夷氏。"目夷氏原是商王朝建立的同姓方国，位于滕州市东南部。入周之后，目夷国变为小邾国，曾先后为宋、邾、鲁、齐等国的附庸。随着历史

的变迁，目夷氏从贵族降为平民（目夷即墨夷，后省为墨姓）。据《琅缳记》与滕州民间传说，墨子出生前，"其母梦日中赤乌飞入室中，光辉照耀，目不能正，惊觉生乌，遂名之"。乌即翟，是凤凰的别名，因而将孩子取名为墨翟。"子"是后人对墨翟的尊称。滕州市木石村有目夷亭，村西为孤骀（即目夷）山、目夷河，村东是落凤山，传说墨子出生时，凤凰落于此山而得名。

墨子的父亲是位能工巧匠，当时的社会是一个"处工，就官府"（《国语·齐语》）的社会，即工匠处于官府的严格控制之下，隶属和服务于官府，社会地位十分低下。而当时的工匠是世袭的，因此墨子从小就承袭了木工制作技术，加上自身的勤奋、纯朴与灵敏，他很快学会了木、车、皮革、制陶、冶金等手工工艺。同时，墨子拜师求教，学习文化科学知识，逐渐成长为一位深沉、博大，既有理论知识，又有实践经验的杰出人才。

墨子的木工技艺精湛，可与同时代的鲁班媲美。《韩非子·外储说》记载，墨子曾经做过一只木鸢，能在空中飞翔一天，他的学生称赞它的神巧，可他却认为这还不如他制造的车子，用咫尺之木，不用一天的工夫就能做好车轴，可以承载三十石的货物，经久耐用。战国时代著名的名辩家惠施也称赞"墨子大巧"。墨子从生产和生活实践中总结出力学原理，并总结出"力，形之所奋也"（《墨经·经上》）的力学定义和弹性力学、杠杆平衡原理、滑轮受力、斜面受力、物体平衡受力等方面的定义。他利用杠杆原理研制成桔槔，用于提水。他还制造了辘轳、滑车和车梯等，用于生产和军事，他的才华受到人们的赞赏。

通过学习与实践，墨子提出："天下从事者，不可以无法仪"。其意为：不同的手工业工匠各有特殊的技巧，但都要遵守共同的标准和法则。制方要用矩尺，制圆要用圆规，取直要绷紧墨线，取平要用水平仪，取垂直要用悬挂的垂线，这五种标准是各类工匠遵从的普遍法则。墨子与鲁班同时同辈，同是能工巧匠，然而，这两位伟人在后人的心目中留下了不同的形象：鲁班成为后代工匠共同尊奉的祖师爷；墨子是一位伟大的思想家、教育家和社会活动家，是墨家学派的始祖，人们往往忽略了他还是中国的科学圣人。

2. 收徒讲学，游说诸国

墨子成年和活动的年代正处于历史的拐点。韩、赵、魏三家灭智伯而分晋地，政由方伯的政局继而发展到"礼乐征伐自诸侯出"（《论语·季氏篇》），甚至出现了"陪臣执国命"（《论语·季氏篇》）的局面。"天下恶乎定"（《孟子见梁襄王》），战争频繁，社会的宗法关系和等级秩序受到冲击和破坏，这为士、庶阶层的活跃提供了条件和机遇，形成了"今万乘方争时，游者主事"（《史记·李斯列传》）的状况，不管国籍，不管出身，不管贫富，有才能者，遇机会一跃而成为将相，成为当时较为普遍的社会现象。正是在这种社会背景下，作为小生产者思想代表的墨子才能"徒属弥众，弟子弥丰"（《吕氏春秋·尊师》），创造出当时唯一能与儒学相抗衡的墨家学派。

在孔子生活的时代，虽然周室衰微，僭越多见，但"尊周"仍是一面有号召力的旗子，"挟天子以令诸侯"《左传》"尊王攘夷"（《春秋公羊传》）仍是各诸侯争霸的一种有效策略。到了墨子时代，兼并战争成了政治斗争的全部内容，耕战成了各国的基本国策。足兵足食、富国强兵的现实需要及生死存亡的危机迫使各国相继变法，实行政治改革，实质上是社会各阶级互相斗争的结果。这种政治变革有利于士庶阶层突破血缘门第的限制而进入仕途政界，这也正是作为小生产者的思想代表的墨家学派能显赫一时的社会原因。

墨子南游时载书很多，弦唐子很奇怪，问墨子说："夫子载书甚多，何有也？"墨子说："翟上无君上之事，下无耕农之难，吾安敢废此？"（《墨子·贵义》）这说明他不是奴隶主贵族，更不是奴隶，已基本上脱离了生产劳动。《墨子》一书中既有对古代文化典籍的旁征博引，又记载了许多科学技术知识。从这一情况看，墨子本人可能是刚刚由摆脱宗法羁绊的小手工业者上升为"士"行列的知识分子。墨子生活俭朴，为了百姓的利益可以不辞劳苦，"日夜不休，以自苦为极"（《庄子·天下》）。从思想倾向看，墨子代表着"农与工肆之人"（《墨子·尚贤上》）的利益，要求发展小手工业，并参与政事，取得从政机会，墨子的言行集中反映了这一阶层登上政治舞台的强烈要求。

墨子成名之后脱离了生产劳动，他是继孔子之后第二个带领弟子游说列国的人。墨子弟子中较有名者有禽滑厘、县子硕、公尚过、随巢子、胡非子等。墨家私学曾经兴盛一时，墨子一生宣传和讲学，即"上说下教"（《庄子·杂篇·天下》）。他曾到过鲁国、宋国、卫国、楚国、魏国、赵国，上至王公，下至民众，逢人便宣传他的"兼爱"主张。

从可考的事件看，墨子一生最大的社会活动业绩是"止楚攻宋"。公元前440年前后，楚国准备攻打宋国，请著名工匠鲁班制造攻城的云梯等器械。当时，墨子正在家乡讲学，在听到这一消息后，他焦急万分。他一面安排大弟子禽滑厘率领三百名精壮弟子帮助宋国守城；一面亲自出马劝阻楚惠王罢兵。墨子日夜兼行，鞋破脚烂却毫不在意，终于，十天之后，墨子到达楚的国都郢（当时郢在今湖北的宜城）。

到郢都后，墨子先找到鲁班，说服他停止制造攻宋的武器，鲁班引荐墨子见楚惠王。墨子对楚王讲："现在有一个人，丢掉自己的彩饰马车，却想偷邻居的破车子；丢掉自己的华丽衣裳，却想偷邻居的粗布衣，这是个什么人呢？"楚王不假思索地答道："这个人一定有偷窃病吧？"墨子趁机对楚王说："楚国方圆五千里，土地富饶，物产丰富，而宋国疆域狭窄，资源贫困。两相对比，正如彩车与破车、锦绣与破衣。大王攻打宋国，这不正如偷窃癖者一样吗？如攻宋，大王一定会丧失道义，并且一定会失败。"听罢，楚王理屈辞穷，但以鲁班已造好攻城器械为由，拒绝放弃攻宋的计划。

墨子又对楚王说："鲁班制造的攻城器械也不是取胜的法宝。大王如果不信，就让我与他当面演习一下攻与守的战阵，看我如何破解它！"楚王不信，想看一下究竟，于是答应了墨子的请求。墨子用腰带模拟城墙，以木片表示各种器械，同鲁班演习各种攻守战阵。鲁班组织了九次进攻，结果九次均被墨子击破。鲁班攻城器械用尽，而墨子守城器械还有剩余。鲁班认输后故意说："我知道怎么赢你，可我不说。"墨子答道："我知道你如何赢我，我也不说。"楚王莫名其妙，问："二位说的是什么意思？"墨子义正辞严地说："他以为杀了我，宋国就守不住，但是，我早已布置好，我的大弟子禽滑厘能代替我用墨家制造的器械指挥守城，同宋国军民一起严阵以待！即使杀了我，你也无法取胜！"墨子这番话彻底打消了楚王攻宋的念头，楚王知道取胜无望，不得不放弃了攻打宋国的计划。墨子完成止楚攻宋的壮举后，赶忙返回鲁国。途经宋国时，天下起了大雨，城门紧闭。墨子想到闾中（里巷大门内）避雨，守门者却不让墨子进去。墨子没有居功自辩，遂离去。

在墨子止楚攻宋的第二年，恰值楚惠王当政五十年，墨子为宣传其政治理想，专程到楚国献上自己的著作。楚惠王读了此书后，对墨子说："您的大作很好。请您留在楚国，做我的顾问。每年俸禄一百钟，委屈您这位贤圣人了。"墨子看出惠王不准备实行自己的学说，于是决意辞行回家。临行之前，墨子想再见一次惠王，惠王称自己年迈不便，派大臣穆贺为墨子送行。墨子利用这个机会，又向穆贺陈述自己的学说，但仍未成功。

鲁阳文君听说此事，认为不妥，于是对楚王说："墨子是有名的北方贤圣人，您不给予礼遇，岂不是叫天下士人寒心吗？"楚王觉得鲁阳文君说得有理，许诺把方圆五百里的土地封给墨子。楚惠王封地五百里的厚禄，并没有动摇墨子坚持自己学说的决心，他毫不犹豫地拒绝了封地。他对鲁阳文君说："我听说贤人进谏，君王不听，不接受赏赐；仁义学说不被采用，不滞留于朝廷。现在我的学说未被应用，所以我决定回鲁国去。请您向楚王转达我的谢意。"

墨子曾在鲁国与儒者展开了一场有名的辩论。《三辩》《耕柱》《公孟》等篇记载了墨子与儒者程繁、巫马子、子夏、公孟子等围绕礼与乐、言与行、述与作、义与利、形式与内容、丧服与从事等问题展开的辩论。墨子在论战中批驳了儒者的观点，阐述、论证了自己的学说和主张。特别是《公孟》篇，通篇都是墨子与孔子之徒公孟的论战。在论辩中，墨子直接抨击了儒者的言行，认为君子为了天下之利应不避祸危，必以谏。墨子批评儒者先服后行，他认为行不在于穿什么衣服，归根结底应看行为的效果。他反对儒者提倡的古言、古服和丧服三年之礼仪，认为丧服时间太久会妨碍社会的生产和工作，他指责儒者之道足以危害社会，丧失天下。

3. 黄昏暮年，归乡著书

墨子晚年回到家乡不久，即与家人一齐去祭祀祖先。他先到殷微子墓前拜祭，又到目夷墓前祭祀。墨子肃立墓前，追思先祖治国有方，使宋国得显于诸侯的丰功伟绩；敬仰目夷的让国之风及其只为义而不慕荣利的高尚人格。墨子祭祖之后，又与几位弟子漫游染山。看到染丝的情景时，他感慨万千，叹息道："白丝染于青色的染水就变成青色，染于黄色的染水就变成黄色。染水一变，被染的丝的颜色随即改变。"他又从染丝讲到环境对人的影响，指出每个人不论职务高低，都必须慎重选择与自己相处的人，任人唯贤，尚贤使能。

年事已高的墨子，已无力再出游各国行义。他回忆数十年来为了宣传自己的主张、创办私学、招收弟子、组织团体、研制器械、周游列国、制止战争等一系列重大的活动，既问心无愧，又忧虑重重。为了让后来者继续实践墨学，兼爱天下，他与弟子整理、编写了《墨子》一书。《墨子》共七十一篇，是对他一生言行的忠实写照，内容丰富深邃，博大精深，其中有智德并修、兼爱救世的思想，有创造发明、逻辑论辩的倡导，有知行并用、利人牺牲的见解，有刻苦实践、强力而为、自苦为极的主张，有尚贤尚同、民主政治的作风，有生产节约、消费分配的理论，有防御非攻、抵抗侵略的实践等。总而言之，《墨子》是一部百科全书式的不朽之作，被人们称为"人类文化的瑰宝"。

周安王十二年（公元前 390 年）前后，墨子带着他所描绘的社会蓝图，离开了这个战乱动荡的人间。据传，弟子们遵照他生前节葬的主张，将他的遗体从简安葬于狐骀山下的苍松翠柏之中。他的陪葬品极其简单，最有价值的是一部《墨子》的手稿。墨子死后，《韩非子》说墨家分裂为相里氏、相夫氏、邓陵氏三派，为弘扬墨学而继续努力。墨徒受到不少君主的信任和看重，"后学显荣于天下者不可胜数"（《吕氏春秋》）。

墨子生前对自己奋斗终生的事业和宣传的学说非常自信，他曾经慨然而呼："天下无人，则墨子之言犹在。"历史发展到今天，充分证明了墨子的论断很有道理。墨学在近百年来获得新生，重放异彩。为弘扬墨学，振兴中华，纪念科圣墨翟，1992 年金秋之季，中共滕州市委、滕州市人民政府在火车站广场，塑立了十二米高的大型墨子铜像；1993 年 5 月，又兴建了墨子研究中心和墨子纪念馆。

声名显赫的墨家学派

墨子创建了墨家学派，因墨子是其创始人，故名墨学。墨家私学当时像孔门一样"徒属弥众，弟子弥丰，充满天下"（《吕氏春秋·尊师》）。墨子建立起来的墨家学派有政纲、有领导、有组织、有纪律。由于它是一个来自劳动群众的团体，因此雷厉风行，长于行动，但也过于盲从，缺乏理性。孔子主张"有教无类"，墨子则主张以"匹夫徒步之士"（《墨子·鲁问》）为教育对象，比孔子更接近下层；孔子规定以"行束脩"之礼为入学条件，墨子则以先行劳苦服役为入学条件。如他的大弟子禽滑离，墨子先让他干了三年的重活儿，结果，这位可怜的学生手足生了老茧，面目黧黑，仍服役给使，不敢向墨子请教。后来，墨子被他的诚心感动，允许他入学，"以教禽子"（《墨子·备梯》）。可见，墨子仍保留着手工业技师收徒的习惯。

墨家纪律甚严，弟子必须严守，有违者定受处治，遵守者也受称道。《庄子》中说，墨徒"以绳墨自矫，而备世之急"，生活上提倡"以自苦为极"的牺牲精神，从而形成了墨徒与别家所不同的一种独特形象。

墨徒还组成纪律严格的组织，以精于墨理者为首领，号曰"钜子"，"钜子"死则另传他人。墨徒以"钜子"为圣人，"钜子"权力很大，可依墨家之法处置犯了过错的墨徒。《淮南子》中说，钜子可以指挥其徒属"赴火蹈刃，死不旋踵"。楚悼王死后，阳城君等贵族反对吴起而失败，墨家"钜子"孟胜效忠于阳城君，其徒属八十三人都和他一道死难。

墨子当时社会威望很高，有"北方圣人"之称，他可以推荐弟子去一些国家做官，但要求做官者必须实行墨家学说，如果做不到就应当辞职。此外，做官的墨徒需将部分俸禄向团体奉献。当时人称活动于齐、鲁、宋等地的墨徒为"东方之墨者"，称活动于楚、越者为"南方之墨者"。为数不少的墨徒入秦国，从惠文王时起，若干"墨者"受到秦的礼遇和信任。《墨子》中的《号令门》篇即出于秦国墨徒之手，表明墨徒在秦国具有较大的势力。

墨家学派有前后期之分，前期思想主要涉及社会政治、伦理及认识论问题；后期墨家在逻辑学方面有重要贡献。

前期墨家在战国初即有很大影响，与儒家并称"显学"。它的社会伦理思想以"兼爱"为核心，反对儒家所强调的社会等级观念。它提出"兼相爱，交相利"（《墨子·天志》），以尚贤、尚同、节用、节葬作为治国方法。它反对当时的兼并战争，提出"非攻"的主张。它主张非命、天志、明鬼，一方面否定天命，同时又承认鬼神的存在。

前期墨家在认识论方面提出了以经验为基础的认识方法，主张"闻之见之""取实与名"，并提出"三表"，作为检验认识正确与否的方法。

后期墨家继承了前期墨家的社会伦理主张，在认识论、逻辑学方面成就颇丰。后期墨家除肯定感觉经验在认识中的作用外，也承认理性思维在认识中的作用，对前期墨家的经验主义倾向有所克服。它还对"故""理""类"等古代逻辑的基本范畴作了明确的定义，区分了"达""类""私"等三类概念，对判断、推理的形式也进行了研究，在中国古代逻辑史上占有重要地位。

墨子的基本思想

1. 以"兼爱非攻"为核心的政治思想

据《墨子》可知，墨子思想有十条五类纲领，即《墨子·鲁问》所云："凡人国，必择务而从事焉。国家昏乱，则语之尚贤、尚同；国家贫，则语之节用、节葬，国家喜音湛湎，则语之非乐、非命；国家淫辟无礼，则语之尊天事鬼；国家务夺侵凌，即语之兼爱、非攻。"其中，"兼爱"和"非攻"是墨子思想的核心。

墨子的政治学说主要包括以下几点。

第一，兼爱非攻。所谓兼爱，包含平等与博爱的意思。墨子要求君臣、父子、兄弟都要在平等的基础上相互友爱，"爱人若爱其身"（《墨子·兼爱上》），他认为社会上出现强执弱、富侮贫、贵傲贱的现象，都是因天下人不相爱所致。孙中山先生高度评价墨子，称他是世界上最讲"爱"的人，把墨子与黄帝、华盛顿、卢梭并列为"世界第一伟人"。

第二，天志明鬼。天志鬼神是墨子思想的一大特点，墨子认为天之有志——兼爱天下之百姓。因"人不分幼长贵贱，皆天之臣也""天之爱民之厚"（《墨子》），君主若违天意就要受到天的惩罚，反之，则会得天的褒赏。墨子不仅坚信鬼神的存在，而且认为它们对于人间君主或贵族会赏善罚暴。墨子宗教哲学中的天赋人权与制约君主的思想是墨子哲学中的一大亮点，与18世纪欧洲启蒙运动中提倡的"天赋人权"不谋而合。

第三，尚同尚贤。尚同是要求百姓与天子皆同于天志，上下一心，实行义政。尚贤则包括选举贤者为官吏和天子国君。墨子认为，国君必须选举国中贤者，而百姓理应在公共行政上对国君有所服从。他要求上面了解下情，他认为只有这样才能赏善罚暴。他要求君上能尚贤使能，即任用贤者而废抑不肖者。墨子把尚贤看得很重，以为是政事之本。他提出"官无常贵而民无终贱"（《墨子·尚贤》）的主张，尤其反对君主任人唯亲，提出对于贤者应不拘出身。

第四，节用节葬。墨家非常强调节用，他们抨击君主和贵族的奢侈浪费，尤其反对儒家看重的久丧厚葬之俗，而认为君主、贵族都应像古代大禹一样，过清廉俭朴的生活。墨子要求墨者在这方面也能身体力行。

2.伟大的辩证唯物思想

墨子哲学思想的主要贡献是在认识论方面。他以"耳目之实"《墨子·明鬼》的直接感觉经验为认识的唯一来源，他认为，判断事物的有与无，不能凭个人的臆想，而要以大家所看到的和所听到的为依据。墨子从这一朴素唯物主义经验论出发，提出了检验认识真伪的标准，即三表："上本之于古者圣王之事""下原察百姓耳目之实""废以为刑政，观其中国家百姓人民之利"。墨子把"事""实""利"综合起来，以间接经验、直接经验和社会效果为准绳，努力排除个人的主观成见。在名实关系上，他提出"非以其名也，以其取也"的命题，主张以实正名，名副其实。毛泽东高度评价"墨子是个劳动者，他不做官，但他是比孔子高明的圣人，是古代辩证唯物论大家。"（《毛泽东评点古今人物》）

墨子的认识论也有很大的局限性，即他承认鬼神的存在。一种观点认为，墨子世界观中存在着深刻的内在矛盾。一方面他强调"非命""尚力"，认为决定人们不同遭遇的不是"命"，而是"力"。另一方面，墨子又肯定"天志"和"鬼"的作用。他把"天"说成是有意志的人格神，宣扬"顺天意者"，"必得赏"；"反天意者"，"必得罚"。他认为"兼相爱，交相利"就是"顺天意"，"别相恶，交相贼"就是"反天意"。但另一种观点认为,"非命"与"天志"体现了墨子"天人之辩"强烈的思维张力,在墨子宗教哲学里,天志兼爱而不制天命,天道酬勤,天喜欢自强不息的人。

3. 逻辑思想的开拓者

虽然,墨子曾以有人"尝见鬼神之物,闻鬼神之声"为理由,得出"鬼神之有"的结论。但墨子并没有忽视理性认识的作用,他是中国古代逻辑思想的重要开拓者。墨子在中国逻辑史上第一次提出了辩、类、故等逻辑概念,并要求将"辩"作为一种专门知识来学习。墨子的"辩"虽然统指辩论技术,但却是建立在知类(事物之类)明故(根据、理由)基础上的,因而属于逻辑类推或论证的范畴。墨子所说的"三表"既是言谈的思想标准,也包含有推理论证的因素。墨子还善于运用类推的方法揭露论敌的自相矛盾。由于墨子的倡导和启蒙,墨家养成了重逻辑的传统,并由后期墨家建立了第一个中国古代逻辑学的体系。

4. 平民百姓的代言人

"质"和"文"是先秦时代的一对重要哲学范畴。"质"是指资质、材质、品质;"文"是指文饰、文采。孔子认为如果过分重视"质"的方面,忽略"文"的方面,一个人就会显得粗野;相反,过分重视"文"的方面,忽视了"质"的方面,一个人就会显得浮华。"文质彬彬,然后君子。"这是说内在的品质和外在的修饰配合得恰到好处才能称得上君子。

墨子是继孔子之后崛起的一位思想大师,他因不满孔子的儒家说教起而"上说下教",因而他的思想与孔子根本不同。在文质观上,与孔子强调的文质和谐统一不同,墨子重质轻文。他的文和质不是道德范畴,而是文化范畴。"质"是指人们的衣、食、住、行等最基本的物质生活条件,"文"则是指物质生活以外的那些诸如大钟、鸣鼓、笙瑟、雕镂、画舟等形形色色的奢华追求。墨子认为现在的平民百姓还处于"饥不得食、寒不得衣、劳不得息"的困境之中,因而首要的任务是关心人民的物质生活,而不是追求声色娱乐,这就是他的文化观的社会根源。墨子的"重质轻文"思想代表了广大下层民众的愿望,是劳苦大众的代言人。

《墨子》一书简介

研究墨子教育实践和教育思想的资料是《墨子》一书。《墨子》并非墨子个人的著作，而是一部墨家学派的全集，它记录着墨子言论、思想、实践和墨家多方面的成就。曾经与儒家同称"显学"的墨家，其历史命运却与儒家迥异。到汉代儒家独尊，墨家竟成为绝学，《墨子》一书也被埋没二千年。只是到了近代，墨家和《墨子》才又得到人们的重视和研究，墨家的精神才重新得到人们的倡导。

秦以后，墨子及其弟子的言论，散见于各种典籍之中，如《新序》《尸子》《晏子春秋》《韩非子》《吕氏春秋》《淮南子》《列子》《战国策》《诸宫旧事》《神仙传》等。西汉刘向的《汉书·艺文志》将散见各篇著录成《墨子》，共七十一篇，后来经历代亡佚，到宋时，只存六十篇，目前只存五十三篇，即已亡佚十八篇。其中已亡佚的有《节用》下篇，《节葬》上、中篇，《明鬼》中篇，《非乐》中、下篇，《非儒》上篇，除这八篇外，另外十篇连篇目全都亡佚，而在这十篇中，只有《诗正义》曾提到过《备卫》篇目，其余无可考。

《墨子》内容广博，包括政治、军事、哲学、伦理、逻辑、科技等方面，是研究墨子及其后学的重要史料。《墨子》一书是墨子言行的忠实写照，又称《墨经》或《墨辩》。其中较能代表墨子学说和思想的有《尚贤》《尚同》《兼爱》《非攻》《节

《墨子》（明刻本）

用》《节葬》《天志》《明鬼》《非乐》《非命》等，这部分是《墨子》一书的主体，其余大都为墨家后学所作。其中《亲士》《修身》《所染》《法仪》《七患》《辞过》《三辩》为墨子早期著作，其中前三篇掺杂有儒家的理论，应当是墨子早年"习儒者之业，受孔子之术"的痕迹；后四篇主要是尚贤、尚同、天志、节用、非乐等理论。《经》《经说》

22

和《大取》《小取》属名辩之作，主要讨论人的认识论和逻辑学等问题，并涉及物理、光学等内容，前人称为"经"，以为墨翟自著，实际是后期墨家作品，这是今天研究战国名辩之学和科学技术成就的珍贵资料。《备城门》《备高临》《备梯》《备水》《备突》《备穴》《备娥傅》《迎敌祠》《旗帜》《号令》《杂守》等十一篇，主要讲守城技巧与城防制度，大致与秦相近，是战国时期秦国墨者所作，这是研究墨家军事学术的重要资料，同时也是兵家小说诗歌文学作品，是墨家善守御的一种见证。《耕柱》《贵义》《公孟》是墨子的言行记录，体例与《论语》相近，是墨子弟子们辑录的，也是研究墨子事迹的第一手资料。还有如《亲士》《修身》《所染》，前人多疑不是墨家所作。

《墨子》一书文风朴实无华，但部分内容诘屈聱牙，以致两千年以来很少有人问津。直到近代，才有学者认真解读这本古书，才发现早在二千多年前墨家便已有对光学（光沿直线前进，并讨论了平面镜、凹面镜、球面镜成像的一些情况，尤以说明光线通过针孔能形成倒像的理论为著）、数学（已科学地论述了圆的定义）、力学（提出了力和重量的关系）等自然科学进行探讨，可惜的是，这一科学传统也因该书在古代未得到重视以致没能结出硕果。但这一发现震动了当今学术界，使近代人对墨家乃至诸子百家更是刮目相看。

从西汉开始，墨学不再为世人所重视，所以很少有人为《墨子》作注释，只有西晋鲁胜曾为《经》《经说》作注。宋郑樵说《墨子》还有乐舌注，不过鲁、乐之书都未流传下来。清代学者因治经而兼及诸子，于是卢文昭、孙星衍、毕沅等又都为《墨子》作校注，而清末孙诒让的《墨子闲诂》为各种墨注中最好的。

教育树人

墨子是我国古代伟大的教育改革家。《淮南子·要略》记载："墨子学儒者之业，受孔子之术，以为其礼烦扰而不说，厚葬靡财而贫民，服伤生而害事。故背周道而行夏政。"这说明墨子善于独立思考，长于发现问题，敢于革弊立新，创立了代表"农与工肆之人"利益的墨家学派。并在教育目的与方针、教学方法与内容等方面进行了一系列卓有成效的改革。在这些教育改革中，最重要的是培养什么人和如何提高人的素质，这一点最富有现实意义，于当代的教育改革也大有益处。

墨子和孔子一样，都非常重视教育在社会和个人发展中的作用，肯定教育必须为社会政治服务的目的。中国古代的教育家论述教育的作用时都离不开人性，墨子的贡献在于提出"染丝说"。他以素丝和染丝为喻，来说明人性及人性在教育下的改变和完善。有一次，墨子看见染丝的过程颇有感慨，他说："染于苍则苍，染于黄则黄，所入者变，其色亦变，五入必而已则为五色矣。故染不可不慎也。非独染丝然也，国亦有染……非独国有染也，士亦有染。"（《墨子·所染》）

在墨子看来，一方面，人性不是先天所成，一个人在生下来时，其性不过如同待染的素丝，没有善恶的分别；另一方面，下入什么色的染缸，就成什么样颜色的丝，也就是说，什么样的环境与教育造就什么样的人。因此，必须慎其所染，慎择所染。

由此引申，墨子认为，一个人在交友时必须慎重，正所谓"近朱者赤，近墨者黑"。墨子指出，如果一个人所交的朋友都是好仁义而遵守法令的人，那么他也会成为这样的人；如果所交的朋友都是好大喜功，不守法度，甚至是相互作恶的人，那么他也会沾染上这种恶习。因此，墨子主张必须审慎交友，选择良好的环境。这种人性浸染论，从人性平等的立场出发去认识和阐述环境的作用，否定人性有善恶之分，具有朴素唯物主义成分。墨子的这一思想较之孔子的人性论在社会意义方面显得更进步。

墨子不仅重视环境的作用，同时也肯定了教育的重大作用，把教育看作是救世治世的最重要工具。墨子"兴天下之利，除天下之害"社会政治思想的一项重要内容就是推行教育，他明确指出，"饥者不得食，寒者不得衣"，人民受不到教育是社会不安定的原因。因此，他主张通过"有力者疾以助人，有财者勉以分人，有道者劝以教人。"（《墨子·尚贤下》）使"饥者得食，寒者得衣，乱者得治"，从而建设一个民众平等、互助的"兼爱"社会。正因为如此，墨子主张人人必须受教育，提出以"国家百姓人民之利"作为教育的最高目标。

爱的教育

《墨子》一书将"兼爱"视为仁德，认为倡导"兼爱"可以消灭战乱与社会的混乱，可以为天下百姓创造一个安居乐业的生活环境。《墨子》的"兼爱"观有三个特点：其一是"爱无差等"。墨家要求"视人之国若视其国，视人之家若视其家，视人之身若视其身。"即使在爱他人和自己的父母之间，也不应有先后与亲疏的差别。这与儒家"爱有差等"的思想截然对立，是对孔子倡导的宗法道德教育的一大突破；其二是"兼以易别"。墨家认为彼此相"别"和对立是造成社会混乱的原因，只有"兼以易别"，才能消除"强劫弱、众暴寡、富侮贫、贵傲贱"的不良社会现象。这种以"别"为非的思想，含有反对等级歧视的意义，与墨家"官无常贵，民无终贱"的尚贤思想是一致的。同时，也是墨家反对侵略战争的理论依据；其三，反对"杀彼以利我"。"杀彼以利我"是巫马子根据儒家"亲亲有术（衰），尊贤有等"提出的个人利己主义道德观。《墨子·耕柱》以"兼爱"观为依据，对此进行了批驳，指出必须爱别人，自己才能得到别人的爱护，"杀彼"者，是不能"利我"的。墨家对个人利己主义的批驳，在道德教育史上是颇有价值的。

《墨子》（清刻本）

墨子的"天下兼相爱则治，交相恶则乱"（《墨子·兼爱上》）的社会理论决定了墨家的教育目的是培养实现这一理想的人，这就是"兼士"或"贤士"，又通过他们去实现贤人政治或仁政德治。关于"兼士"或"贤士"，墨子曾提出三条具体标准："原乎德行""辨乎言谈""博乎道术"，即道德的要求、思维论辩的要求和知识技能的要求。道德的要求最为重要,这使"兼士"懂得以"兴天下之利,除天下之害"为己任,不分彼此、亲疏、贵贱、贫富都能做到"饥则食之,寒则衣之,疾病待养之,死丧葬埋之"(《墨子·兼爱下》)。当需要的时候,"兼士"还应毫不犹豫地损己利人,"为身之所恶以成之所急"(《墨子·经说上》)。墨家的"兼士"与儒家"亲亲而仁民""爱有差等"的君子在外表与内质上都有很大不同,表现了完全不同的人格追求,反映了小生产者的平等理想。

《墨子》"贵义",它所讲的"义",摆脱了儒家"义以礼出"的窠臼,包含有以下两方面的含义:一是以不侵犯别人的利益和劳动果实为义。它认为偷窃、掠夺和侵略战争都是不义的行为,因为这些行为都是"不与劳而获其食,以非其所有而取之"。这种以尊重他人劳动成果、反对不劳而获为基础的道德观念,体现了劳动人民的优良品德;二是以帮助他人为义。《墨子·尚贤下》指出:"为贤之道,将奈何?曰有力者疾以助人,有财者勉以分人,有道者劝以教人。"这是说从人力、财力、道德上帮助和教育他人,都是行义。这种道德观来源于古代劳动群众困难相助的"义气"思想。《墨子》"贵义",将"义"视为最高的道德规范,认为"天下有义则生,无义则死,有义则富,无义则贫,有义则治,无义则乱。"借以教育人们"鼓而进于义","率天下之百姓以从事于义"。

《墨子》主张"义利合一"与"志功合一"。《墨子·耕柱》篇称"义可以利人",义中有利,又以利人、利民、利国来判定义,故义和利是合一的。墨家要求弟子遵德行义,必须从百姓的实际利益出发,比儒家"重义轻利"的原则更富人性。"志功合一"是说道德修养必须将动机与效果统一起来。这就必须做到言行一致,即"言必信,行必果,使言行之合,犹合符节也。无言而不行也。"(《墨子·兼爱下》)墨家注重实践,认为"士虽有学,而行为本焉",主张强力而行,反对怠情,倡导"惜阴",将人生之短促,"譬之犹驷驰而过隙",鼓励学生积极有为,建功立业。墨家所说的"行",不限于道德践履,它包括科学实验、生产劳动及激烈的政治斗争等多方面的内容,比儒家

"身体力行"的"行"，要广阔得多。墨家重行，但不以行废志。相反，墨家主张积极强化意志，告诫学生"志不强者智不达"，鼓励他们为理想而献身，致使墨门弟子多有"摩顶放踵，利天下为之"者。"义利合一"与"志功合一"，属于功利主义的伦理观，反映了小生产者的阶级利益，与董仲舒"正其谊不谋其利，明其道不计其功"（《汉书·董仲书传》）的原则相对立，在理论上更为科学。

有道相教

墨子把教育作为"兴天下之利，除天下之害"、实现"兼相爱，交相利"、培养"为义的兼士"的理想武器。他把实行这种理想的教育主张，作为自己对他人进行上说下教、勉励他们"为义"的责任。坚决主张"有道相教"。并且，他把"隐匿良道而不相教诲"视为大恶，把"有道者劝以教人"视为大善。

与孔子一样，墨家主张"因材施教"，他们以"工匠制器须顺物性"为喻，认为教师育人也应各因其性。顺性施教的目的是为了"各尽其材"，所以，墨家注重发展学生的特长，使"能谈辩者谈辩，能说书者说书，能从事者从事"（《墨书·耕柱》），为社会培养了各类人才。墨子主张积极主动地施教，先秦儒墨两家都反对老师越俎代庖，他们都曾以叩钟为喻倡导启发教学。儒家主张"叩则鸣，不叩则不鸣"，墨家则不同，认为教师负有传义布道的重任。

墨子在其一生"上说下教"的活动中，一贯坚持"有道相教"，主张在教学中积极主动地去解决问题。他说："不强说人，人莫为之也。"（《公孟》）他还以撞钟与国家的政事为例，对公孟子说明主动施教的重要道理，坚决反对教师"弗问不言""待问而后对"（《非儒下》）的被动施教，驳斥了儒家"击之则鸣，弗击不鸣"的施教原则。墨子不仅把不积极主动施教看作施教者的过失，而且还认为是危害社会的祸乱之一，所以他一再强调"叩则鸣，不叩亦鸣"。这对于教学来说，有利于教师主导作用和主观能动作用的发挥，也有利于教学质量的提高，具有极其重要的现实意义。《庄子·天下》篇盛赞墨家"周行天下，上说下教，虽无下不取，强聒而不舍者也。故曰上下见厌而强见也。"

量力施教

在中国教育史上，墨子首先明确提出了"量力"这一教育方法。他十分注意在施教时考虑学生的接受能力，墨子的"量力"要求具有两方面含义：其一，就学生的精力而言，人不能同时进行几方面的学习。《墨子·公孟》告诫为学者："夫知者，必量其力所能至而从事焉"。墨子反对贪多务得，并指出智者成功的秘诀往往是"无务为多"。墨家反对施教多而杂，提倡务本约末。他们鼓励学生在务本时发扬集腋成裘的精神，诚如《墨子·亲士》所言："圣人者，事无辞也，物无违也，故能为天下器。是故江河之水，非一水之源也；千镒之裘，非一狐之白也。"即期望学生锱铢积累以成"天下器"；其二，就学生的知识水平而言，应当量其力而教。墨子要求对学生"深其深，浅其浅，益其益，尊其尊"（《墨子·大取》），即深者深求，浅者浅求，该增者增，该减者减。量力方法的提出，表现了墨子对教学规律的把握。

节俭为美

墨翟是我国教育史上第一个提倡以节俭为美德的教育家。《墨子》的《节用》《节葬》和《非乐》等篇，集中阐述了这一理论。儒家也主张节用，但是又说"节用以礼"，这就为维持奢华的贵族生活方式提供了依据。《墨子》倡导节俭则是从珍惜劳动成果、减轻劳动者的经济负担出发的。

《墨子》倡导节用，反对浪费，主张节省财政。《墨子》认为，人的衣食住行都应有度。例如，穿衣之道在于御寒，其他诸项也是如此。至于财政开支，"足以奉给民用则止"，同样反对统治者只顾个人享受、加重百姓的经济负担。《墨子·辞过》郑重指出："俭节则昌，淫佚则亡"，将节俭的美德提高到治国安邦的高度，开"俭以养廉"的政风，至今仍有一定的现实意义。

《墨子》对儒家厚葬久丧等礼乐制度进行了猛烈的抨击，指出"厚葬"是浪费财富，"久丧"是破坏生产和生育，其结果是"国家必贫，人民必穷"，忠孝皆无以奉行，天下不得安宁。因此，墨子认为厚葬久丧乃是非仁、非义的非礼行为。

墨子主张"非乐"。《墨子·非乐上》揭露贵族阶级弦歌鼓舞，使"饥者不得食，寒者不得衣、劳者不得息"，耗费了"民衣食之财"。墨翟"非乐"反对的是挥霍无度的贵族生活，并非像道家那样否定人类的艺术生活，即"子墨子所以非乐者，非以大钟鸣鼓、琴瑟竽笙之声以为不乐也"，而是因为贵族所行之乐，"上考之不中圣王之事，下度之不中万民之利。是故子墨子曰：为乐非也。"在墨翟看来，"美"应从属于"善"，凡是损害百姓利益的文娱活动，都应禁止。这种非乐观有其合理性，也有片面和偏激之处。

重视劳技

培养"士"，须对其进行劳动教育。《墨子·非乐上》指出，人与禽兽的区别在于禽兽只能利用自然条件而生存，而人类却靠生产劳动维持生命，即"赖其力者生，不赖其力者不生"。由于墨子以"农与工肆之人"为教育对象，而教育的目的是教给他们实用的知识和技能，把他们造就为"各从事其所能"的"兼士"，所以墨子很重视自然科学技术的教育。墨家的自然科学教育有很高造诣，涉及数学、光学、声学、力学及心理学等许多方面。墨家的实用科学技术教育的出色成就，主要表现为器械制造。其一是战争攻防器械，其二是生产器械如制车、制木鸢等。

墨子所说的劳动，既有"耕稼树艺"的物质生产活动，又有"听狱治事"的精神活动。他将教人耕种誉为"圣人作诲"，还把教人百工之技，"使各从事其所能"也认为是有功有德的行为，从而阐释了劳动教育的意义。学习劳动人民艰苦奋斗的献身精神，又是墨家劳动教育的重要方面。墨子常以治洪水建有殊功的大禹为榜样，教诲学生懂得与自然作斗争，并要具有吃大苦耐大劳的精神。学生初入墨门，都要经受"服役"的劳动锻炼，借以养成他们"勤生薄死，以赴天下之急"的精神。《墨子》中记载了墨家传授劳动技术的内容，它不同于师傅带徒弟的艺徒制。其中，劳动技艺大多上升为经验科技的形态，从而为古代科技教育谱写了光辉的一页。

《墨子》反映了墨家实施的科技教育，内容全面，有较高的系统性和专业性，有学者称它为"百科全书"。《墨子》一书关于光学的论述，可称"二千多年前世界上伟大的光学著作"，科技史界认为它与《考工记》的问世，"是我国古代经验科学出现的标志"。

墨家创立了科学实验的重要方法。《墨子》记载了"世界上第一个小孔成像的实验"，保存了墨家所进行的各种面镜成像的实验记录。《墨经》有八条，是墨家传授的光学知识，介绍了光、物、影三者的复杂关系，以及平面镜、凹面镜、凸面镜中物与像的关系。这两部分囊括了几何光学的基本内容，而且还是由"影论"到"像论"的框架，系统而概括，堪称少而精的典范。墨家正是通过科学实验总结了大量的生产实践经验，并形成了科技教育与生产实践、科学实验紧密结合的特点。通过科学实验来揭示科学原理的方法在欧洲大约产生于文艺复兴时期，在中国却创始于公元前四五世纪的墨家。《墨子》还记载了墨家运用观察、描绘等形象直观的方法传授科学知识，并注重培养学生实际操作的艺能。

《墨子》还记载了墨家传授力学知识的内容。首先，它阐明了力的定义。所谓"力，形之所以奋也"，指出力是物体所具有的、使运动发生转移和变化的手段。其次，它讲述了杠杆与衡器的利用问题，从力与力矩的关系上揭示了杠杆平衡的道理。最后，它还介绍了许多重要的力学现象，其中涉及浮力、惯性等问题。

《墨子》中的"形学"包括丰富的几何学内容，反映了墨家曾经讲授过几何图形的基本概念，如点、线、面、方、圆、厚的科学定义。传授这些定义，标致着理论数学传授活动的萌芽。

《墨子》传授的自然观，内容也很精彩，包括时间、空间、物质运动和物质变化等项。所说的时间，具有长、短、久、暂的变化，是可计算的；所说的空间，多属于几何学领域的问题；所说的运动，偏重机械运动，不是老子所谓"反者，道之动"这种纯哲学的运动；所说的物质变化，既有一物到他物的转移，也有物质之间的相互作用。其中关于物质变化的"损益观"，体现了朴素的物质不灭的科学认识，而物体运动的内容又孕含了牛顿力学第一、第三定律的胚胎。墨家传授的自然观，是自然科学与自然哲学的统一，包含丰富的科学知识。

墨家的科技教育具有以德驭艺的特点，以是否"兼利天下"作为科学技术的评价标准。《墨子·鲁问》明确指出："利于人谓之巧，不利于人，谓之拙。"强调应以科学技术作为造福黎民的工具。《墨子·公输》体现了科学技术应为反侵略战争服务的观点。

《墨子》结合中国科技发展的史实，批判了"述而不作"的保守思想，倡导科技人才要树立创造精神，主张"以作为述"。墨家施教还注重引导学生"明故"，遇事总要问一个"为什么"，激励他们广搜博采，积极探索，从而为社会培养了一批德才兼备的人才。墨家在科技教育上取得了卓越的成就，这与他们多数成员出身低微、直接从事物质生产劳动有关，也是墨家"兼利天下"的政治理想在教育上的反映。

提倡军训

《墨子》中有一部分专讲战争攻守的机械制造，反映了墨家传授"兵技巧"的情况。其中包括防御守备的城池建设、守备设施的安排、物质装备等方面；还列有武器制造的精密尺寸、武器使用的方法、破除云梯与防备地道的要领、土埋水淹积石发矢的技术等。俨然一部精良的军事科技教材，为墨家反战非攻创造了基本条件。墨家所以被当时各国诸侯重视，与他们这一套专门技术是很有关系的。

墨家不仅重视机械制造，其本身就是一个有严密组织的集团，注重纪律教育。墨徒对"钜子"须绝对服从，"钜子"又须绝对服从于团体规定的纪律，这种纪律被称为"墨者之法"。出仕的弟子，如果背禄向义，则受表扬；如果违背墨门道义，轻则须自行辞职（如高石子），重则使之被斥退（如胜绰），这比儒家"开除学籍"更重。弟子有了俸禄，须交一部分供墨家团体使用。墨者以执行墨家之义为当然的义务，虽死无悔，"钜子"也是这样。腹朜身为"钜子"，独子犯法杀人，虽有君王的特赦，他仍用"墨者之法"处以死刑，成为守纪执法的典范。

墨家严肃的纪律是建立在道义基础上的。例如"墨者之法"规定"杀人者死，伤人者刑"，符合"天下之大义"，执行纪律，意味着"去私""向义"，故有"不可不行"的道德力量。"钜子"以身示范，又使纪律教育富有人格感化的作用。《淮南子·泰族训》认为墨者之所以"可使赴火蹈刃，死不还踵"，是由于"化（感化）之所致也"。平时进行严格的要求和训练，也是墨家纪律教育的重要经验。例如，禽滑厘初入墨门"受训"的三年，"手足胼胝，面目黎黑，役身给使，不敢向欲"。这种严格的训练，锻炼了学生的意志，为执行纪律创造了条件。《墨子》还记载，墨家培养了一大批"以绳墨自矫，而备世之急"的"为义的兼士"，他们救宋可有三百之众岿然城上，他们坚守阳城，可有一百八十五人英勇死难，体现了严遵墨家纪律的高度自觉性及不屈的献身精神。

墨子本人"通六世之论"并读过"百国春秋"，可见他博学而并不完全弃置儒家那种以六艺为主体的文史知识教育。如果不是他对六艺教育的精通，也就不会有"背固道而用夏政"的创举了。他认为，儒家的六艺之教具有腐朽、寄生的特点，最为典型的是他的"非乐"。他还认为，乐教不仅靡费人力财力，而且消磨人的意志，使人懈怠于所从事的职业，于社会实利无补。因此，墨子认为只须学好对实现"兼爱"有用的主张和本领，并多实践即可。

思维教育

《墨辩》中把人们的思维活动当作科学研究的对象。第一，墨子认为人的认识和言谈（理论和观点）是否正确需要有衡量的标准，即所谓"言必立仪"，因此是非可明。第二，墨子强调必须掌握思维论辩的法则，即形式逻辑。墨子在历史上首先提出了"类""故"的概念，并提出"察类明故"的命题，要求学生懂得运用类推和求故的方法。墨子不仅本人擅长于辩，而且以此教育学生。他的辩学具有代表性的就是三表或三法：一曰立论要有本；二曰立论要有证明；三曰立论是否正确要看应用效果。这些作为逻辑方法是可取的。

思维科学认为人的思维活动有三种基本形式：抽象思维、形象思维和灵感思维。《墨子》对三种思维训练都有所论述，尤以抽象思维，即逻辑思维训练见称。《墨子》中的"辩"学即逻辑学。墨家创立了逻辑学的体系，称为"墨辩"，这是他们训练学生思维的重要内容。

《墨子·小取》阐述了墨家辩学的总纲："夫辩者，将以明是非之分，审治乱之纪，明同异之处，察名实之理，处利益，诀嫌疑。"由此揭示了"辩学"的目的和作用。"焉摹略万物之然，论求群言之比"，这指出了"辩学"的基本原则，即遵从客观万物的规律进行分析比较，这也体现了"墨辩"的唯物主义精神。"以名举实，以辞抒意，以说出故，以类取，以类予。"这句话概括了"墨辩"的基本内容与方法，表述了墨家关于概念、判断、推理的规定，以及演绎与推理的含义。"有诸己不非诸人，无诸己不求诸人"，指出了论辩争鸣的道德准则。形式逻辑教育的目的在于锻炼和形成逻辑思维能力，善于与人论辩，以雄辩的逻辑力量去说服人，推行自己的政治主张。事实证明，形式逻辑的训练不仅提高了墨门弟子在政治、学术斗争中的能力和水平，而且还为他们掌握自然科学知识提供了重要的方法。

《墨子》汲取了当时的哲学成就，其辩证逻辑也很发达。墨家教育学生认识物质变化的复杂性，告诉他们相同的原因可以引起不同的结果，不同的原因又可以引起相同的结果。还指出物体属性的变化（即质变）与其量变存在辩证关系，量变达到一定的程度，能使无法比较的物质产生可比性。《经说下》所说"异类不仳（比），说在量"，讲的就是这个道理。例如，曲和直，一般来说不能比长短，但是，当曲线极小的一段近乎直时，就有了比较的条件。《墨子》中有不少精彩的辩证观，使得人才培养更富创造性。

《经说上》告诫人们，获取知识应注意"身观焉，亲也"，即用五官亲历来获得知识，这种求知的方式就涉及感性的形象思维。《经下》曾提出"知而不以五路，说在久"的命题，梁启超在《墨经校释》中对此提出过重要的见解，认为墨家此处所说的知识，不是知识的简单再现，而是自我领悟的创发性的知识，产生这种创发的基础是"久"。灵感（也称顿悟）思维有一规律——长期积累，偶然得之。《墨子》上述记述已暗合这条规律。总之，墨家育人，提倡亲知、闻知、说知，并鼓励自悟，兼及多种形式的思维训练，堪与"欧洲逻辑之父"亚里士多德媲美，也远胜古印度的"因明"学派。

《墨子》反映墨家曾实施过心理学的教育，传授过有关梦的定义、感情与感觉的区别、心与物的关系、思维的作用等知识，做到了系统朴实，没有神秘色彩和荒诞不经的语言。

《墨子》教育思想小结

墨子生于奴隶社会向封建社会过渡之际，阶级斗争尖锐复杂，战争频繁，人民生活极不安定。墨子及其学派是中国古代小手工业和小私有者的思想代表，因而，墨子的思想在主观上是从"农与工肆之人"的利益出发的，并提出了"饥者得食，寒者得衣，劳者得息"（《墨子·非命》）的正当要求。因为他和弟子都出身于劳动家庭，对生产知识和技术颇有研究，所以墨家学派在认识论上有明显的唯物主义倾向，这是他的教育赖以成功的哲学基础。他非常重视教育和教育的作用，否定了人之初性美、性恶之分，把人的素质比作素丝，发展了孔子的"性相近、习相远"的思想，打破了孔子的"唯上智与下愚不移"的唯心主义框框，他把教育对象普及到"农与工肆之人"中去，比孔子的"有教无类"更进了一步。

墨子是第一个公开宣布神秘的"命"根本不存在的哲学家，也是第一个敢于向"命运"挑战的实践家。墨子所办的私学，就是一个"非命"的集团。他主张"非命"，并认为在现实生活中起决定作用的不是"命"，而是"强""力"。这种重视"强""力"而"非命"的积极进取精神，在当时是难能可贵的。墨子在教育上的贡献虽然不及孔子，但他在诸多方面有自己的特色。例如，墨家特别重视生产知识和技术的教育；务求实际和强力从事的精神；以名举实，实验的教学态度和主动、实践、量力、创造的方法；"合其志功而观焉"的检验行为的标准；等等，这些至今都是很有借鉴意义的。

《墨子》所体现的教育思想，在先秦私学之林中独树一帜，具有鲜明的特色。《墨子》创立了以"墨辩"为体系的思维训练经验，形成了注重实践、强力施教的教风，倡导了功利主义的道德评价标准。尤其是科技教育，与生产实践和科学实验相结合，内容全面，有较高的理论水平和实用价值，居于先秦各家之上，有的还远远超过了当时的西方，是我国古代文化教育的瑰宝。但是，由于时代和阶级的局限，《墨子》之中有些观点和原则不免片面偏激，甚至陷入了改良主义的空想。

《吕氏春秋》中的教育思想

吕不韦简介

吕不韦

战国末期，秦国日益强大，统一天下已成定局，时代和社会都亟需一部综合百家、为统一思想而成的政治、历史、文化性的学术论著来作为统治阶级的思想工具。吕不韦时任秦国相国，从秦国称雄的角度出发，从思想上要求统一的倾向出发，广泛搜罗门下客人，个个著其所闻，综合百家九流之说，畅论天地万物古今之事，最后汇编成书，名曰《吕氏春秋》。

吕不韦，战国末期卫国濮阳人，是我国历史上著名的行政管理思想家。他原本以经商为生，曾在邯郸经商时，结识在赵国作人质的秦公子异人或称子楚，认为得到此人是"奇货可居"，这样就开始了他的政治投机生涯。后被秦国国君拜为国相，并称之为"仲父"。

在秦庄襄王时期和秦王嬴政的前几年，吕不韦抱着"欲以并天下"的心愿，为秦的统一事业做出了贡献，但是随着秦王嬴政到了可以亲政的年龄，吕不韦意识到要发生相权和王权的矛盾，便从多方面做了应付的准备。终于在秦王嬴政登基之时，发生了武装叛乱。秦王嬴政在追查这一事件的过程中，发现自己的身世与吕不韦有牵连，于是罢免了吕不韦的相国职务，下令将其迁往蜀地。吕不韦看到大势已去，自杀身亡。

战国时期，儒墨先起，黄老继之，进而有名、法、岳、农各家，各执一端，争论不休。吕不韦组织门客编写的《吕氏春秋》有八览、六论、十二纪等三个总题目，共一百六十篇，二十六卷，二十余万字，于秦王嬴政八年完成。书中特别注重吸取儒、道两家的学说，而对法、墨两家的观点往往采取批判的态度。《吕氏春秋》是中国古代杂家的代表作，"诸子之位兼有之"，没有形成自己一个比较完整的体系，而是调和了儒、道、法的思想观点，融而汇之，承纳百家之言。吕不韦主编《吕氏春秋》的目的，是为了秦朝统一天下而进行的思想和理论论证，《吕氏春秋》是我国历史上比较早的一次统一思想的尝试。虽然结果失败了，但《吕氏春秋》的历史功用还是为后世所传习的。

吕不韦的教育思想

吕不韦的思想，综合了诸家的思想之精华，形成一种比较独立的自成体系的"吕氏言论"。在战国后期，这一由分裂走向统一这样的历史转变时期，吕不韦作为封建地主阶级政治家和思想家，其历史地位和历史功绩是不容抹杀的。他两任秦国相邦，主持朝政，在政治、经济、军事、思想方面为秦统一准备了有利条件，打下了基础。作为他思想精华的集合，《吕氏春秋》为封建大一统的理论作了新的探索。

史实说明，秦始皇的统一与吕不韦的功业有不可分割的联系。吕不韦作为一名由商人晋升为政治舞台主角的封建地主阶级政治家，固

诸子百家图

然表现了其不可更变的阶级历史局限性。但总体说来，他对秦统一事业的贡献是巨大的，他不愧为中国古代杰出的政治家、思想家。

1. 融合百家思想

作为战国末期的思想家，吕不韦尊崇道家，肯定了老子顺应客观的思想，并舍弃其中消极的成分，将有利于积极入世的思想吸收和继承。同时，他融合儒、墨、法、兵众家长处，形成包括政治、经济、哲学、道德、军事各方面的理论体系。

吕不韦的目的在于综合百家之长，总结历史经验教训，为秦国以后的统治提供长久的治国方略。书中还提出了"法天地""传言必察"等思想，和节欲、运动的健身之道，有着唯物主义的因素。

此外，吕不韦以儒家"仁政"为思想主流，认为这是治政的最高境界，也是衡量治世的标准。儒家主张入世和出世的统一，要顺天意，又要有所作为，甚至要"明知不可为而为之"。同时以道家的"平和"和"顺天"的思想为基础，取老子顺应客观的思想，舍其消极避世的成分，兼容名、法、墨、兵、农、阴阳诸家之长，初步形成了包括政治、经济、哲学、道德、军事等各方面内容在内的比较统一的理论体系，同时保存了医学、音乐、天文历法及农业等多方面的宝贵资料。汉兴起后，统治者吸取亡秦教训，王霸并用，崇尚无为，与民休息，许多方面与《吕氏春秋》的思想相一致。

2. 吕不韦思想的政治功用

吕不韦是一个有见识的政治家，任相之初，"委国事大臣"，自己并不独揽大权。在军事方面，吕不韦注意起用老臣宿将，调整好统治集团内部的关系，以稳定国内的统治秩序。他起用昭王以来的一些老臣宿将，如老臣燕人蔡泽，曾因受人攻击，早已被迫告老称病。秦王嬴政即位后，吕不韦请蔡泽出山，参与朝政，后又请他出使燕国，促成了秦燕连横。王龁、蒙骜这些昭王时的名将，吕不韦也继续委以重任，使他们在兼并战争中发挥了重要作用。

在治国用人方面，吕不韦始终注意发现和荐举人才，让这些人才在统一大业中发挥作用。吕不韦认为，对人才委以重任后就要赏罚严明，赏罚要不凭关系亲疏、个人好恶，而要考其实绩，做到因功授爵，赏罚必当。尽管在事实上他不可能真正做到事事赏罚严明，但提出这些主张，对整顿秦国吏治、加强国力有着不可忽视的作用。

重农思想

战国后期，由日益强大的秦国统一天下已是大势所趋，时代迫切需要有一个能汇百家一体、博采众长的综合思想体系为秦国的统治服务。秦国相国吕不韦召集门下宾客，集结百家九流之说编成《吕氏春秋》一书，以"儒家思想"为主导，兼合各派主张，折中求和、彰显杂家学说，在秦国的社会政治观和教育思想等方面发挥了巨大的效用。

《吕氏春秋》

《吕氏春秋》重视农业，以农为本，符合当时国家发展的需要，也符合国民的社会需求，顺应社会发展规律，也顺应民意。如《孟春》《上农》等篇章就反复强调农业的重要性，特别可贵的是在《任地》《审时》中还较为详细地讲述了农业耕作的具体方法，对后世农业生产有一定的指导作用。

安贫守道，重用贤能

《吕氏春秋》中，提出了君主在德行上要安贫守道，在用人方面要以史为鉴，这成为后世开明君主治国平天下的一面镜子。他在《先己》中劝谏国君先治己治身，而后治国；在《谨听》中指出"主贤世治，则贤者在上；主不肖世乱，则贤者在下"，后世"尊贤使能"成为人们评价国君治国成败的标志之一。

推崇教育

1. 强调"疾学""善学"

《吕氏春秋》认为人要多学、善学，才能博学，才能于家于国有利。在《用众》篇中提出"取人之长，补己之短"。《学记》将儒家的这一儒家传统思想集中概括为"建国君民，教学为先""化民成俗，其必由学"，充分肯定了教育的巨大作用。

《吕氏春秋》明确提出人人都应当"疾学"，在学习上要有强烈的紧迫感，全力以赴、勤奋刻苦。"先王之教，莫荣于孝，莫显于忠。忠孝，人君人亲之所甚欲也；显荣，人子人臣之所甚愿也。然而人君人亲不得其所欲，人子人臣不得其所愿，此生于不知理义。不知理义，生于不学。"（《劝学》）这正是儒家"人不学，不知道""人不学则不知理义"思想的进一步发挥。《吕氏春秋》还指出，圣人也是疾学而成的。无论何人，只要肯疾学，都可以成为显士名人，《劝学》篇里有"圣人生于疾学。不疾学而能为魁士名人者，未之尝有也。"

《吕氏春秋》特别提出要"善学"。"善学"的关键是"用众"，就是要善于取众之长，补己之短。所以，《吕氏春秋》中的《善学》篇又名《用介》。它说："物固莫不有长，莫不有短。人亦然。故善学者，假人之长，以补其短。故假人者，遂有天下。"要做到假人之长，以补其短，必须端正对人的态度，善于发现别人的长处和优点，而不能只看别人的短处和缺点。缺点再多的人，也总有某些长处，值得自己学习。"无丑不能，无恶不知。丑不能恶不知，病矣；不丑不能，不恶不知，尚矣。虽桀纣犹有可畏可取者，而况于贤者乎！"（《善学》）一个人如能博采众长，必将大有长进，超过任何有专长的人，"以众勇，无畏乎孟贲矣；以众力，无畏乎乌获矣；以众视，无畏乎离娄矣；以众知，无畏乎尧舜矣。"（《善学》）它用人所共知的事实来论证这个颠扑不破的真理，"天下无粹白之狐，而有粹白之裘，取之众白也。"任何成就大事的人都是"得之众也"，"夫以众者，君、人之大宝也。"（《善学》）

《吕氏春秋》提出了一个颇有新意的观点：人体的各种感觉器官不经过学习训练就不能充分发挥其固有的机能，"天生人也，而使其耳可以闻，不学，其闻不若聋；使其目可以见，不学，其见不若盲；使其口可以言，不学，其言不若爽；使其心可以知，不学，其知不若狂。"（《尊师》）以人的生理器官的功能经过学习训练才能充分发挥作用，来论证教育的作用和学习的必要性，这是很新颖的。

　　《吕氏春秋》对教育的作用和学习的必要性作了一个简单明确的结论："教也者，义之大者也；学也者，知之盛者也。义之大者，莫大于利人，利人莫大于教；知之盛者，莫大于成身，成身莫大于学。"（《尊师》）对社会来说，教育的作用是巨大的；对个人来说，学习是十分必要的。

　　2.提倡尊师，教师要"尽智竭道以教"

　　重视教育必须从尊敬教师开始，不尊师而空谈重视教育是毫无意义的。《吕氏春秋》中的"尊师篇"明确指出："疾学在于尊师。师尊则言信矣，道论矣。"它根据史实和传说列举出古代的"十圣人六贤者"，说他们没有不尊师的，"神农师悉诸，黄帝师大挠，帝颛顼师伯夷父，帝喾师伯招，帝尧师子州支父，帝舜师许由，禹师大成贽，汤师小臣，文王、武王师吕望、周公旦，齐桓公师管夷吾，晋文公师咎犯、随会，秦穆公师百里奚、公孙枝，楚庄王师叔孙敖、沈尹巫，吴王阖闾师伍子胥、文之仪，越王勾践师范蠡、大夫种。"即使身为天子，"人大学，祭先圣，则齿尝为师者弗臣"，也是以此来表示敬学和尊师的诚意。

　　《吕氏春秋》还认为，教育的成败也在很大程度上取决于师生双方的共同努力和密切配合。教师善教，学生善学；教师热爱学生，学生尊敬教师，做到"师徒同体""师徒同心"。在师生关系问题上，教师居于主导地位。善教的教师，才能培养出善学的学生；教师热爱学生，才能赢得学生的尊敬，也才能获得理想的教育效果。《诬徒》中有"达师之教也，使弟子安焉、乐焉、休焉、游焉、肃焉、严焉。此六者得于学，则邪辟之道塞矣，理义之术胜矣；此六者不得于学，则君不能令于臣，父不能令于子，师不能令于徒。"

3.教师善教与不善的四点表现

第一，"志气不和，取舍数变，固无恒心，若晏阴喜怒无处，言谈日易，以恣自行"（《吕氏春秋·纪·孟夏纪》）。随心所欲，毫无原则，喜怒无常，一意孤行。

第二，"失之在己，不肯自非，愎过自用，不可证移"（《吕氏春秋·诬徒》）。自己有失败或过失，不肯自我批评，刚愎自用，坚持错误。

第三，"见权亲势及有富厚者，不论其材，不察其行，驱而教之，阿而谄之，若恐弗及"（《吕氏春秋·诬徒》）。阿谀谄媚权势者，不管其德才如何，都应避之。

第四，"弟子居处修洁，身壮出伦，闻识疏达，就学敏疾，本业几终者，则从而抑之，难而悬之，妒而恶之"。对才学出众，品貌兼优的学生加以压制、嫉妒，结果学生深受其害，学业由此败毁、道术由此荒废。（《诬徒》）

善教的教师"视徒如己，反己以教，则得教之情也。所加于人，必可行于己。若此则师徒同体。"结果学业由此而章明，道术由此而大行，教师也必然受到社会和学生的爱戴、尊敬和支持。（《诬徒》）

《吕氏春秋》揭示了建立良好的师生关系的一项重要原则。即师生同体，才能密切师生关系，"人之情，爱同于己者，誉同于己者，助同于己者"；相反，师徒相与异心，就会互相结怨生厌，因为"人之情，恶异于己者"，"不能亲其所怨，不能誉其所恶"（《诬徒》）。总之，对教师来说，要求视徒如己；对学生来说，则要敬业尊师，这样才能做到师徒同体同心，亲密无间，这是建立良好的师生关系的核心问题。

4.关于尊师的具体要求

首先，要端正学习态度，"凡学，必务进业，心则无营。疾讽诵，谨司闻，观愉，问书意，顺耳目，不逆志，退思虑，求所谓，时辩说，以论道，不苟辩"（《尊师》）。学生能够勤奋学习，刻苦钻研，虚心求教，就是对教师最大的尊敬。

其次，对教师要讲礼貌，"必恭敬，和颜色，审辞令，疾趋翔，必严肃"（《尊师》）。

最后，对教师的生活，在衣食住行等各方面都要细心照顾，周到地服侍，"视舆马，慎驾御；适衣服，务轻暖；临饮食，必蠲洁；善调和，务甘肥"（《尊师》），还要从事各种劳务，给教师以必要的帮助。尊师的基本要求还要在学业和品德方面能够遵循师教。"尊师则不论其贵贱贫富"，"说义必称师以论道，听从必尽力以光明。听从不尽力，命之曰背；说义不称师，命之曰叛。背叛之人，贤主弗内之于朝，君子不与交友。"（《尊师》）

5. 提倡"和乐"，反对"侈乐"

《吕氏春秋》一书中有八篇专门论述了音乐，作为音乐教育的主张主要是采自儒家的乐教理论。《吕氏春秋》首先从音乐的起源问题提出"乐生于和"的观点，"音乐之所由来者远矣，生于度量，本于太一。……万物所出，造于太一，化于阴阳。萌芽始震，凝滞以形。形体有处，莫不有声。声出于和，和出于适。和适，先王定乐，由此而生。"（《大乐》）这是道家"太一生万物"思想的反映，也吸收了儒家"乐生于和、生于平、生于适"的思想。

《吕氏春秋》在音乐的社会作用和教育意义观点上，几乎完全采纳了儒家的主张，认为音乐可以教化社会风尚，为政治统治服务。《适音》篇有"凡音乐，通乎政而移风平俗者也。俗定而音乐化之矣。故有道之世，观其音而知其俗矣，观其政而知其主矣。故先王必托于音乐以论其教。……先王之制礼乐也，非特以欢耳目、极口腹之欲也，将教民平好恶、行理义也。"音乐可以安政事、平风俗、美人伦，对形成人的品德，培养人的志趣，陶冶人的性情都有重要作用。"凡音者，产乎人心者也。感于心则荡乎音，音成于外而化乎内。是故闻其声而知其风，察其风而知其志，观其志而知其德。盛衰、贤不肖、君子小人皆形于乐，不可隐匿。"音乐发自人的内心，又体现着一个人的作风、志向和德操，因此音乐对人起着巨大的教育作用。所以，古之先王"必托于音乐以论其教"，十分重视发挥音乐的教育作用，音乐和音乐教育是"必不可废"的。

《吕氏春秋》同样也认为：乐"有节有侈，有正有淫"，对于"节乐"和"正声"应大力提倡，充分发挥其教育作用；对于"侈乐""淫声"则应坚决废止，防止其消极影响。

主张知士、爱士与举贤

《吕氏春秋》构造了一套治国治民的方略，其要点是提出"治天下也必先公"，反对"家天下"，主张"审民意""顺民心""忧民之利，除民之害"，赞赏以修身为本的"修齐治平"思想；向往禅让制，反对世卿世禄制；实行"虚君主制"，大力选贤任能，"君也者处虚，故能使众智也"，"大圣无事而千官尽能"（《君守》）。在这些政治主张中，贯穿着贤才治国的思想，直接提出了"贤主劳于求人，而佚于治"的主张。

《吕氏春秋》首先提出得贤才对治政的重要性，《求人》中有"身定、国安、天下治，必贤人。古之有天下也者七十一圣，观于春秋，自鲁隐公以至哀公十有二世，其所以得之，所以失之，其术一也：得贤人，国无不安，名无不荣；失贤人，国无不危，名无不辱。"《先识》中有"凡国之亡也，有道者必先去，古今一也。地从于城，城从于民，民从于贤。故贤主得贤者而民得，民得而城得，城得而地得。"国家大事，千头万绪，进贤举能，应摆在重要位置，"求之其本，经旬必得；求之其末，劳而无功。……其本在得贤"，要想求得贤才，必须善于知人识才。《吕氏春秋》指出：为了取得贤才，必须有善于识才之人，所以，"得十良马，不若得一伯乐；得十良剑，不若得一欧冶；得地千里，不若得一圣人。"

《吕氏春秋》也为此提出了一套知人识才的方法，主张对人才进行全面考察，统称为"八观六验""六戚四隐"。"通则观其所礼，贵则观其所进，富则观其所养，听则观其所行，止则观其所好，习则观其所言，穷则观其所受，贱则观其所为。喜之以验其守，乐之以验其僻，怒之以验其节，惧之以验其特，哀之以验其人，苦之以验其志。"就是要在各种环境和条件下，全面观察、考验其品德、志向、学识、才能，这就是"八观六验"。考察其在家里、邻居、亲友之中为人处事、待人接物的种种表现为"六戚四隐"。只有这样，才能真正做到知人善任。《吕氏春秋》还特别指出，必须尊重、爱护和关心人才，才能使"士尽力竭智"，充分发挥其才智。必须尊重人才，有些贤能之士往往清高孤傲，若对其冷淡、厌弃，必然失之；若给以应有的尊重，也会使其归从效力。《吕氏春秋》还提出对人才不要求全责备，要善于发挥各人之长，使有一技一能者都得到施展其才智的机会，反对因小失大，压制人才。

《吕氏春秋》中的教育思想还包括关于道德教育的思想，它提倡"尚德""高义""至忠""孝廉""贵公""贵直""贵信""去私""务大""博志"等，提出了道德教育的内容、标准和具体要求，也是很丰富的。

《孟子》中的教育思想

作者简介

孟子（约公元前372—前289），名轲，字子舆，战国中期邹国（今山东邹县）人。孟子是鲁国贵族孟孙氏的后裔，母亲对他的教育很认真。历史上广泛流传着"孟母三迁"和"断机教子"的故事。

成书背景

孟子一生的大部分时间都奉献给了教育事业。在中年以后的二十余年里，他曾怀着自己的政治思想，带领弟子游历各国。作为著名的大师，孟子有时"后车数十乘，从者数百人"，往来于诸侯之间，其规模已大大超过当年孔子周游列国时的情形。孟子晚年回到故乡专门从事教学和著述，把"得天下之英才而教育之"视为一大乐趣。《孟子》一书是孟子与其学生万章、公孙丑一起完成的著作。

内容精要

孟子是中国著名的教育家、思想家和政治家，是孔子所创建的儒家学派最有权威的继承人，被称为"亚圣"。与孔子相同，孟子在教育方面也有许多宝贵的实践经验，其教育思想基本上存于《孟子》一书中，具体体现在以下三个方面。

1. 教育目的。孟子提出教育的目的主要是"明人伦"，意思是使受教育者都能了解和遵守封建社会中的等级贵贱、尊卑、长幼以及男女之间相互关系的道德准则，人人都"相亲相爱"，没有犯上作乱的行为。这样能巩固封建社会的统治秩序。换句话说，若上层人物能昌明人伦，下层小民能相亲相爱，那天下就太平了。

2. 道德教育。孟子道德教育的原则和主要内容有以下四个方面。（1）"存心寡欲"。他认为存养善心的最佳方法莫过于平衡自己的物质欲望，因为欲望过多或过少都不利于善行善性的发展。（2）"反求诸己"。这是个人提高道德修养的一个重要手段。（3）"知耻改过"。求放心、存夜气、找回放失了的良心，是孟子道德修养中的重要一环。（4）养浩然之气。为人要有志气，不能气少无力，要气壮不气馁。（5）"磨练意志"。

3. 教学思想。孟子在教学方面提出了不少有积极意义的见解。

（1）深造自得。他要求在学习中必须深入思考，究本究源，有所心得。因为，只有自己刻苦钻研，才能对知识彻底了解，并将它转化为自己的知识财富。知识只有在被牢固掌握之后，应用起来才会左右逢源。关于"深造"，孟子以为应从"大者"和"本原"入手，如果能够看清楚事物大的方面，小的方面自然就微不足道，看清事物的本质后，再去理解它也就不难了。要达到"自得"境界，一要积极思考，对所学的知识进行加工；二要专心有恒，并且一心一意。

（2）因材施教，注重启发。孟子认为教人的方法很多，一般来说有五种方法：①给他适当的点化，使他自己积极进取；②培养他的德性，使他有所成就；③使他的才能有所发挥，能达到有所用；④对他的疑问给予充分的解答；⑤虽未能及门授业，但可以让他成为"私淑弟子"。总之，只要教师注重启发，顺其自然地因材施教，学生

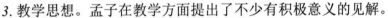

45

就能成才。

（3）循序渐进。孟子认为学习是一个自然发展的过程，因此学习要顺其自然，不要巧为穿凿。一方面，他明确指出不要放松学习，也不要急于求成。这一主张强调学习不能超过人们所能负担的量，可以说注意到了学习的量力性问题；另一方面，他指出学习不能急躁，进步速度太快的人，一旦退步，其速度也快，正所谓"其进锐者其退速"。因此，他要求学习要有一定的步骤，要像流水一般，循序前进，进了一步后再进下一步。

简要评价

《孟子》一书作为体现孟子教育思想的主要著作，对研究孟子的教育思想有着非常重要的意义。孟子在继承发扬孔子的教育思想方面，有着特殊的功绩，并且他也形成了自己的一套思想体系。《孟子》中有对思维规律的探讨，这大大提高了教育理论的研究水平。《孟子》中包含丰富的教育实践素材和教育理论，为中国教育的发展提出了许多宝贵的经验。《孟子》已有两千余年的历史，虽然时代发生了沧桑巨变，但是至今还广为流传，可见其独特的存在价值与意义。

《颜氏家训》的教育思想

颜之推生平简介

颜之推（531年—595年），字介，原籍琅邪临沂（今山东临沂县），世居建康（今南京市），生于士族官僚家庭，父亲颜勰，仕梁至咨议参军。

颜氏有家学传承，世代祖传《周官》《左氏春秋》。他早传家业，12岁时听讲老庄之学，因"虚谈非其所好，还习礼、传"，生活上"好饮酒，多任纵，不修边幅"（《北齐书·列传·卷

颜之推

四十五》）。由于早年时受家传儒学的熏陶，奠定了他整个学术思想的基础，使他在本质上始终是一位儒家思想的代表。但由于他处于兵连祸接的动乱年代，儒学早已丧失了往日独尊的地位，玄学、佛学则大为兴盛，世人以博学广闻为能事，而以专守章句为鄙陋。这种社会现实给他的思想发展以重要的影响。早年他曾经倾慕名士风度，稍长，又博览群书，无不该洽，且善为词章。晚年转而笃信佛教，宣扬因果报应，主张儒佛调和，认为佛学为主体，儒学为附庸。可见，颜之推又不是一位纯粹的儒者。

颜之推博览群书，为文辞情并茂，深得梁湘东王赏识，十九岁就被任为国左常侍。后投奔北齐，历 20 年，累官至黄门侍郎。公元577 年，北齐为北周所灭，他被征为御史上士。公元 581 年，隋灭北周，他又于隋文帝开皇年间，被召为学士，不久以疾终。依他自叙，"予一生而三化，备荼苦而蓼辛"，叹息"三为亡国之人"（《北齐书·列传·卷四十五》）。

颜之推的教育思想

1. 论教育的作用

颜之推宣扬性三品说，他把人性分为三等，即上智之人、下愚之人和中庸之人。他说："上智不教而成，下愚虽教无益，中庸之人，不教不知也。"他认为，上智之人是无须教育的，因为上智是天赋的英才，不学自知，不教自晓；下愚之人"虽教无益"，尽管教他，都是无效果的，因为"下愚"是无法改变的。颜之推强调，中庸之人必须受教育，因为不受教育就会无知识，陷于"不知"的愚昧状态。教育的作用就在于教育中庸之人，使之完善德性，增长知识。

2. 论教育的目的

关于教育的目的，颜之推指出："古之学者为人，行道以利世也；今之学者为己，修身以求进也。"（《勉学》）行道的"道"自然是儒家之道，即儒家宣扬的那一套政治理想和道德修养的内容；"修身以求进"思想来源于孔子的"修己以安人"，善于"为己"（有良好的道

47

德修养)才能更有效地"利世也"(治国平天下)。从这一教育目的出发，颜之推批判当时士大夫教育的腐朽没落，严重脱离实际，培养出来的人庸碌无能、知识浅薄，缺乏任事的实际能力。

颜之推认为传统的儒学教育必须改革，培养的既不是难以应世经务的清谈家，也不是空疏无用的章句博士，而是于国家有实际效用的各方面的统治人才，包括朝廷之臣、文史之臣、军旅之臣、藩屏之臣、使命之臣、兴造之臣。从政治家到各种专门人才，都应培养。这些人才应专精一职，具有"应世任务"的能力，是国家实际有用的人才。

颜之推的这种观点，冲破了传统儒家的培养比较抽象的君子、圣人的教育目标，而以各种实用人才的培养作为教育的重要目标。

3.论教育的内容

为了培养"行道以利世"的实用人才，颜之推提倡"实学"的教育内容。他认为培养出来的人才必须"德艺同厚"。所谓"德"，即恢复儒家的传统道德教育，加强孝悌仁义的教育；所谓"艺"，即恢复儒家的经学教育并兼及"百家之书"，以及社会实际生治所需要的各种知识和技艺。

关于"德"的教育，当然是以"五经"为主。他认为学习"五经"，主要是学习其中立身处世的道理，"夫圣贤之书，教人诚孝，慎言检迹，立身扬名，亦已备矣。"(《颜氏家训·序致篇》)但读书不能只限于"五经"，还应博览群书，通"百家之言"。

隋文帝

隋文帝(541年—604年)，即杨坚。隋代建立者。581年—604年在位。在位期间，简化地方行政机构，加强中央集权。仁寿四年(604年)被太子杨广杀死。

此外，他还重视学习"杂艺"。他认为在社会动荡的非常时期，学习"杂艺"可以使人在战乱"无人庇荫"的情况下"得以自资"，保全个体的生存和士族的政治、经济地位。颜之推倡导的"杂艺"内容相当广泛，主要包括文章、书法、弹琴、博弈、绘画、算术、卜筮、医学、习射、投壶等，这些技艺在生活中有实用意义，也有个人保健、娱乐的价值。但这些"杂艺""可以兼明，不可以专业"（《颜氏家训·杂艺篇》）。

值得注意的是，颜之推强调士大夫子弟要"知稼穑之艰难"，学习一些农业生产知识，这与孔子轻视农业生产的态度有所不同。

4.论教育的对象

颜之推提出的家庭教育的三个阶段：即幼稚期、成年期和晚年期。

颜之推认为，幼年是学习的黄金时期，劝诫子弟们要抓紧时间，努力学习。其语曰："幼而学者，如日出之光"。充分肯定了年少时学习的重要性。不仅如此，他还劝诫后辈成年之后也不能放松自己，要积极地学习，完善自己，正如他所说："及至冠婚，体型梢定，因此天机，倍须引诱。"而尤其难能可贵的是，颜之推认为老年人也应该不辍学习，"老而学者，如秉烛夜行，犹贤乎瞑目而无见者也。"这种"活到老，学到老"的思想，很值得今日的人深思。

5.论教育的方法

颜之推鼓励子孙树立远大志向，修养德性，多在生活中磨炼自己，争取成为于国家、社会有用的人。这一观点，在今天多数的家庭教育和学校教育里仍广为采用。

颜之推在训诫子孙后代的同时，用自己的亲身经历、切身体会，对许多问题阐明自己的独到见解。虽然，有些见解不免有失偏颇，但其中不乏真知灼见。比如，在《文章》篇，他明确反对滥用典故、华而不实的文风，和后来唐宋"古文运动"的精神有异曲同工之处。再比如，《音辞》篇中，他用发展的观点，列举大量的事实，旁征博引，第一次提出了语言的差异性，因而成为我国语言研究史上的重要文献。

《颜氏家训》的著作目的

《颜氏家训》是了解颜之推教育思想的主要依据。它不仅有助于研究颜之推在儿童教育、学习方法等方面的某些真知灼见，而且也向我们展示了一幅封建士族教育腐败的漫画，有益于警醒、教导今人。

"生于乱世，长于戎马，流离播越"的颜之推，晚年目睹了士族子弟的没落和社会的动荡，深有感慨，从士族地主的立场出发，为保持自己家族的传统与地位，他结合自身的经历，本着"务先王之道，绍家业之业"的宗旨，著成了我国封建社会第一部系统、完整的家庭教科书——《颜氏家训》，以希教导好颜家子弟，扭转当时士族子弟颓废之势。这是他一生关于立身、治家、处事、为学的经验总结，在封建家庭教育发展史上有重要的影响，后世称此书为"家教规范"。

《颜氏家训》的篇章构成

《颜氏家训》以儒家传统思想为立身治家之道。主要用于教导子孙，一共七卷二十篇，它们依次是：卷第一，《序致》《教子》《兄弟》《后娶》治家共五篇；卷第二，《风操》《慕贤》共两篇；卷第三，《勉学》一篇；卷第四，《文章》《名实》《涉务》共三篇；卷第五，《省事》《止足》《诫兵》《养生》《归心》共五篇；卷第六，《书证》一篇；卷第七，《音辞》《杂艺》《终制》共三篇。其中，教育思想最为集中的是《教子》《勉学》《涉务》三篇，涉及包括修身、养性、治家、为学、处世、伦理等诸多方面的内容，在一定程度上反映了颜之推的社会思想。

全书以家训形式，不仅有对后辈的谆谆教导，还包括了颜之推自己对社会政治、思想文化、伦理道德、风俗习惯等一系列问题的独到见解，其中的许多见解，即使在今天看来，仍有其积极意义。

论家庭教育

家庭教育是《颜氏家训》的主要内容之一。在《颜氏家训》中，其第一卷的《序致》《教子》《兄弟》《后娶》《治家》等五篇，论述的全都是家庭教育问题。

1. 提倡尽早施教

颜之推认为家庭教育要及早进行，有条件的还应在儿童未出生时就实行胎教。儿童出生之后，便应以明白孝仁礼义的人"导习之"。

稍长，待他"识人颜色，知人喜怒"之时，就该加以"教诲"，该做的事就引导他去做，不该做的就不让他做。如此教育下去，9岁以后，自可"少成若天性，习惯如自然"。

《颜氏家训》认为，家庭教育和幼儿教育在人的成长中占有非常重要的地位，"禁童子之暴谑，则师友之诫不如傅婢之指挥，止凡人之斗阋，则尧、舜之道不如寡妻之诲谕。"家庭教育和幼儿教育之所以如此重要，原因如下。

（1）幼童心无旁骛，学习效果较好

《颜氏家训·勉学》指出："人生小幼，精神专利，长成已后，思虑散逸，固须早教，勿失机也。"儿童年幼，心理单纯，精神集中，记忆力强；而成年之后，思想复杂，多有牵扯，精神反不如幼童阶段集中，所以学习效果也会差些。颜之推还现身说法："吾七岁时，诵《灵光殿赋》，至于今日，十年一理，犹不遗忘；二十之外，所诵经书，一月废置，便至荒芜矣。"所以，"幼而学者，如日出之光，老而学者，如秉烛夜行。"

（2）幼童可塑性大，易于潜移默化

《颜氏家训》指出："人在少年，神情未定，所与款狎，熏渍陶染，言笑举对，无心于学，潜移默化，自然似之；何况操履艺能，较明易习者也？是以与善人居，如入芝兰之室，久而自芳也；与恶人居，如入鲍鱼之肆，久而自臭也。"一方面，幼童"神情未定"，所以很容易受到外界不良环境或坏朋友的影响而误入歧途，一旦幼童"骄慢已习，方复制之，捶挞至死而无威，忿怒日隆而增怨，逮于成长，终成败德。"另一方面，正是由于幼童"神情未定"，因而也很容易接受好的教育，成为一个有道德的人。所以，"孔子云：'少成若天性，习惯如自然'是也。俗谚曰：'教妇初来，教儿婴孩。'诚哉斯语！"

基于以上思想，《颜氏家训》主张家庭教育应及早进行，甚至越早越好，"当及婴稚，识人颜色，知人喜怒，便加教诲，使为则为，使止则止。比及数岁，可省笞罚。"《颜氏家训》还提出了"胎教"的主张，"古者，圣王有胎教之法：怀子三月，出居别宫，目不邪视，耳不妄听，音声滋味，以礼节之。书之玉版，藏诸金匮。生子咳提，师保固明，孝仁礼义，导习之矣。"

2. 提倡家庭和睦

颜之推很重视家庭的和睦。众所周知，家庭是社会的细胞，家庭和睦，对整个社会的和谐稳定都有不容忽视的作用。他在《兄弟》《后娶》中提出，家庭内要做到父慈子孝、兄友弟恭、夫义妇顺。虽然有些封建的观点，但其中家庭和睦的精神仍有其现实意义，毕竟"家和万事兴"。

3. 提倡严格教育

在家庭教育和幼儿教育中，必须将爱子和教子紧密结合起来。颜之推认为家庭教育应当从严入手，严与慈相结合，不能因为儿童幼小而一味溺爱和放任，父母在子女面前要严肃庄重，有一定威信。他说："父母威严而有慈，则子女畏慎而生孝矣。"

他认为善于教育子女的父母，能把对子女的爱护和教育结合起来，便会收到良好的效果。相反，如果没有处理好两者关系，"无教而有爱"，让孩子任性放纵，必将铸成大错。

爱子是人之常情，本亦无可厚非，但如果只爱子不教子，或将爱发展到溺爱娇惯的地步，则是非常错误的。子女"一言之是，遍于行路，终年誉之；一行之非，掩藏文饰，冀其自改"的做法，只能使之成年之后"暴慢日滋"。"吾见世间，无教而有爱，每不能然；饮食运为，恣其所欲，宜诫翻奖，应呵反笑，至有识知，谓法当尔。"如此养子教子，终会铸成大错，悔之莫及。

《颜氏家训》主张，在孩子面前，父母应当既有爱心又要庄重严肃，"父子之严，不可以狎；骨肉之爱，不可以简。简则慈孝不接，狎则怠慢生焉"，"父母威严而有慈，则子女畏慎而生孝"。对于子女，父母不能偏爱，不应厚此薄彼；"人之爱子，罕亦能均；自古及今，此弊多矣。贤俊者自可赏爱，顽鲁者亦当矜怜，有偏宠者，虽欲以厚之，更所以祸之。"

值得注意的是，《颜氏家训》还认为在不得已的情况下，棍棒式的强制性惩罚措施也是必要的，"笞怒废于家，则竖子之过立见；刑罚不中，则民无所措手足。治家之宽猛，亦犹国焉。"在儿童不听教诲和犯了大错之后，必须对其"苛虐于骨肉"，"楚挞惨其肌肤"。

4. 注重环境习染

颜之推继承孔子、孟子等儒家学者关于"慎择友"的教育思想，十分重视让儿童置身于比较优良的社会交往环境之中。他认为家庭教育要注意选邻择友，因为儿童的心理处于发展阶段，尚未定型，而儿童的好奇心和模仿能力都很强，总在观看、模仿别人的一举一动，无形之中，周围人的为人处世会给儿童以"熏陶"和"潜移默化"。因此，邻友对于儿童的影响，有时甚至比父母的作用还大，这就是"必慎交游"的道理。"无友不如己者"（《论语·学而》），择友确实不是一件易事，贤人是难以找到的，但有优于我者，便很可贵的了，对他就应景仰向慕，与之交游，向他学习。

5. 注重语言教育

颜之推认为语言的学习应该成为儿童教育的一项重要内容。在家庭教育中，子女学习正确的语言，是做父母的重要责任。一事一物，不经查考，不敢随便称呼。学习语言应注意规范，不应强调方言，要重视通用语言。

6. 注重道德教育

颜之推承袭了孔孟以孝悌仁义等道德规范为主要内容的传统，十分注意对子女道德的教育。他认为，士大夫子弟的教育应该"德艺周厚"，以德育为根本。他指出，知识教育是道德教育的基础，并为道德教育服务。由于德艺二者关系的密切，因此有可能、也有必要通过阅读记载前人道德范例书籍的途径来进行道德教育。

颜之推对子女的道德教育，是以孝悌等人伦道德教育为基础，以树立仁义的信念为主要任务，以实践仁义为最终目的。他教育子女为实践仁义道德的准则，应不惜任何代价，甚至牺牲生命。他认为立志

53

尤为重要，士大夫子弟只有确立远大的志向、理想，才经得起任何磨难，坚持不懈，成就大业。他说："有志尚者，遂能磨砺，以就素业。"他教育子女以实行尧、舜的政治思想为志向，继承世代的家业，注重气节的培养，不以依附权贵、屈节求官为生活目标。

7. 注重为人之道

颜之推根据自己积累的经验与当时的现状，还特别重视为人之道的教育。他所强调的为人之道，首先是"厚重"（"轻薄"的反义）。他认为"自古文人，多陷轻薄"，历史上许多文人都由"轻薄"而终为败累，残遇杀祸。他认为要吸取这个惨痛的教训，就必须养成忠君、孝顺、谦恭、礼让等这些"厚重"的道德品质。其次，他主张"少欲知足"。如果"不知其穷"的情性任其发展，不加以限制，就是如

秦始皇、汉武帝"富有四海，贵为天子"的大人物，也会自取败累，至于一般士庶更不用说了。其三，"无多言""无多事"。颜之推欣赏"无多言，多言多败；无多事，多事多患"的铭言，认为"天道"原来如此。所以，"论政得失""献书言计"等，都属于多言性质。同理，也不应该多做事。如果不是你份内的事，你就不必想它，不必做它。至于主持公道，打抱不平，"游侠之徒，非君子之所为也"。由此可见，颜之推所传授给子女的为人之道，是他历官四朝的经验总结，在政治腐败、朝政多变的封建专制社会里，不失为一种在丧乱之世明哲保身，以免"杀身之祸"的处世哲学。然而，在今天看来，这种做人处世方法是不足为训的，它反映了消极遁世、利己主义的思想情绪，与先秦儒家的积极人世态度也有很大的距离。

论学习的目标

学习是为了修身立名，而不是为了做官、窃名和充当谈资。"夫所以读书学问，本欲开心明目，利于行耳。"通过学习才能心开目明。所以，学习首先要端正态度，将学习目的指向"修身利行"，而不可将学习作为增加谈资、显示学问或谋取官职的工具，"古之学者为己，以补不足也；今之学者为人，但能说之也。古之学者为人，行道以利世；

今之学者为己，修身以求进也。夫学者犹种树也，春玩其华，秋登其实；讲论文章，春华也，修身利行，秋实也。"学习不是为了"求名"，更不是为了"窃名"，而是为了"立名"，为了"修身慎行"，广普善道，将德行推广到千万人之中去。

论学习的方法

在《颜氏家训》中,有关学习方法的论述较多,除集中反映于《勉学》篇外,《风操》《文章》《涉务》诸篇亦间有论述。《颜氏家训》提出的学习方法主要有以下内容。

1. 勤学不辍，博习广见

《颜氏家训》特别强调学习必须勤勉，反对高谈虚论、坐谈玄远的恶劣学风，指出，"古人勤学，有握锥投斧，照雪聚萤，锄则带经，牧则编简，亦为勤笃。"这里列举了苏秦（握锥）、文党（投斧）、孙康（照雪）、车胤（聚萤）、倪宽（锄则带经）、路温舒（牧则编简）等生动的古人勤学故事，来说明勤学的重要性和必要性。《勉学》篇还列举了一些当时的勤学之人：彭城刘绮，早孤家贫，灯烛难办，常买获尺寸折之，燃明夜读；义阳朱詹，家贫无资，累日不爨，乃时吞纸以实腹，寒无毡被，抱犬而卧，犬亦饥虚，起行盗食，呼之不至，哀声动邻，犹不废业，卒成学士。人在智力上是有差别的，但只要勤学不倦，都可以达到精通和熟练的程度，"钝学累功，不妨精熟"。只有勤勉，才能博学；只有勤勉，才能对知识"皆欲寻根，得其原本"。

《颜氏家训》也很重视博学，认为"学者贵能博闻"，反对道听途说，偏信一隅，"观天下书未遍，不得妄下雌黄。或彼以为非，此以为是，或本同末异，或两文皆欠，不可偏信一隅也。"他认为只有尽可能地扩大获取知识的范围，并把所学的知识进行比较、鉴别，才能更接近真理。他提倡既要博览群书，又要接触世务，借以培养自己的独立思考能力，所谓"博学求之，无不利于事也"。

博学的目的是有利身行，有利涉务，所以博学必须要有"指归""要会"，博学的内容必须是实学，而那种"书卷三纸，未见驴字"的博士之学风只能令人气塞！所以，真正的博学，应该是"博学求之，无不利于事也"。

2. 虚心务实，师前法古

颜之推提倡虚心务实的学习态度，他反对妄自尊大、骄傲浮夸的学风。认为学习应虚心求教，躬身下问。不但要从自己周围的人和事学习，还要注重向古人学习。

魏晋以来，玄学兴起，道听途说已成当时学风。颜之推对此深恶痛绝，转而提倡师古和眼学的学习方法，他认为，典籍所载，都是古人实践经验的结晶，学习典籍，认真借鉴古人的经验，不仅经济，而且易于减少片面性，"不知学古人，何其蔽也哉！"师古并不仅限于学习统兵、理政、治民、办案等统治经验，"爱及农商工贾、厮役奴隶、钓鱼屠肉、饭牛牧羊，皆有先达，可为师表，博学求之，无不利于事也。"

颜之推认为实践也很重要。耳闻易失真，眼见方为实，一味道听途说，专靠耳闻而得，往往经不起推敲和考察，所以，"谈说制文，必须眼学，勿信耳受"。当然，耳受也可以扩大知识，拓展视野。

论学习的态度

《颜氏家训》非常重视学习态度问题，认为学习态度直接决定着人的学习目的和学习效果，它对于人的学业成就和道德养成具有重要意义。具体内容如下。

1. 刻苦努力，惜时如金

颜之推强调学习要刻苦钻研，勤勉努力，他罗列了历史上许多动人事例，说明即使迟钝的人，只要勤学不倦，也可以达到熟练和精通的程度。同时，他认为人的一生都要学习，应珍惜时光，年幼"固须早教"，少年也不可"失机"，晚年如果"失之盛年，犹当晚学，不可自弃"。他说早年学习"如日出之光"，前途无量；而"老而学者"，虽然如"秉烛夜行"，但总比"瞑目而无见"要好得多。

2. 学海无涯，知识无限

学海无涯，知识无限，故人之学习也是一个不断充实、不断提高的过程，不可骄傲自满，不求再进。而且学习的目的是"修身利行"，而不是露才扬己，显示学问，所以即使有了一点知识也不应该骄傲自大，盛气凌人，目空一切，"夫学者所以求益耳。见人读数十卷书，便自高大，凌忽长者，轻慢同列；人疾之如仇敌，恶之如鸱枭。如此以学自损，不如无学也。"

3. 亡羊补牢，为时未晚

《颜氏家训》中重视早期教育已如前言，于此不再赘述。《颜氏家训》认为，即使少年失学，亦不可自暴自弃，成年从头学起，同是亡羊补牢，为时未晚，即使是盛年失学，亦不可因循苟且，以老废学，"然人有坎𡒄，失于盛年，犹当晚学，不可自弃。……幼而学者，如日出之光；老而学者，如秉烛夜行，犹贤乎瞑目而无见者也。"《颜氏家训》列举了许多古人勤学的事例，劝人学而不厌，老而弥笃，以至终生，如汉代公孙弘 40 岁才读《春秋》，朱云 40 岁才学《周易》《论语》，晋朝皇甫谧 20 岁才开始学习《孝经》等蒙学教材，但最后都大器晚成，成为一代名儒。

《颜氏家训》的历史评价

历代学者对《颜氏家训》评价很高。例如："六朝颜之推家法最正，相传最远。"（《庭帏杂章》）；"北齐黄门颜之推《家训》二十篇，篇篇药石，盲言龟鉴，凡为子弟者，当家置一册，奉为明训，不独颜氏。"（王钺《读书丛残》）；"此书虽辞质义直，然皆本之孝弟，推以事君上，处朋友乡党之间，其归要不悖六经，而旁贯百氏。至辩析援证，咸有根据。自当启悟来世，不但可训思鲁、慜楚辈而已。"（鲍廷博）；"乃若书之传，以提身，以范俗，为今代人文风化之助，则不独颜氏一家之训乎尔！"（明嘉靖甲申傅太平刻本序刻颜氏家训序）；"余观《颜氏家训》……其谊正，其意备。其为言也，近而不俚，切而不激……

足令顽秀并遵，贤愚共晓。"（清雍正二年黄叔琳刻颜氏家训节钞本序颜氏家训节钞序）从这些历代学者对《颜氏家训》的评价上，我们也可以看出《颜氏家训》对中国古代家庭教育的影响及其在中国古代教育史上的地位。

《千字文》中的教育思想

作者考证

周兴嗣，字思纂，南朝齐梁时陈郡项人。据记载，周兴嗣年十三，游学京师，积十余载，遂博通记传，善属文，在南齐做过桂阳郡丞。萧衍代齐为梁武帝，十分赏识他的文章。

相传，梁武帝萧衍命周兴嗣挑取王羲之一千字不重者编为四言韵语而成《千字文》，既要不用相同的字，又要由从王羲之遗书中挑出的千字组成，还要使之成韵，一夕而就，恐难尽倍。这就是周兴嗣作《千字文》的源起和《千字文》流向社会的起因。相传，梁武帝一生戎马倥偬，他很希望自己的后代能在太平时期多读些书。由于当时尚没有一本适合的启蒙读物，起初，他令一位名叫殷铁石的文学侍从，从晋代大书法家王羲之的手迹中拓下一千个互不相干的字，每纸一字，然后一字一字地教学，但杂乱难记。梁武帝想，若是将这一千字编撰成一篇文章，岂不妙哉。于是，他召来自己最信赖的文学侍从员外散骑侍郎周兴嗣，讲了自己的想法，并付诸实施。《太平广记》中记载："梁武教诸王书。令殷铁石于大王书中，榻一千字不重者，每字片纸，杂碎无序。武帝召兴嗣谓曰：卿有才思，为我韵之。兴嗣一夕编缀进上，鬓发皆白，而赏赐甚厚。右军孙智永禅师，自临八百本，散与人外，江南诸寺各留一本。"这段故事，仅仅是一种传说，没有确凿的考据，不足为信。但从《梁书》所记，梁武帝对周兴嗣十分赏识，每嘱为文的情形来看，故事所言之事是有可能发生的。《梁书》中还说，周兴

梁武帝

梁武帝（464年—549年），名萧衍，字叔达。南兰陵中都里（今常州武绥）人。梁武帝是一个多才多艺、学识广博的学者。他的政治、军事才能，在南朝诸帝中可以说是堪称翘楚，不在另三位开国皇帝之下。他在学术研究和文学创作上的成就，则更为突出。

嗣在南梁官为员外散骑侍郎、给事中，为梁武帝近臣，关系十分亲近。"周病，高祖抚其手，嗟曰：'斯人也而有斯疾也！'手疏治疽方以赐之。其见惜如此。"

当然，赞扬周兴嗣过人智慧与出众的才华有些言过其实，但《梁书·周兴嗣传》却有记载："自是《铜表铭》《栅塘碣》《北伐檄》《次韵王羲之书千字》，并使兴嗣为文，每奏，高祖辄称善，加赐金帛。"自此周兴嗣成了著名文章家。据考证《次韵王羲之书千字》即《千字文》。今天所见的《千字文》各种版本题下均署为周兴嗣"次韵"。即使抛开故事情节不论，这段文字至少也告

诉我们，及至于唐，人们是相信周兴嗣作《千字文》的。他所次韵的是王羲之书，也是没有疑问的。

编写特点

公元6世纪初，南朝梁武帝时期在建业刻印问世的《千字文》被公认为世界使用时间最长、影响最大的儿童启蒙识字课本，比唐代出现的《百家姓》和宋代编写的《三字经》还早。《千字文》可以说是千余年来畅销且读者广泛的读物之一。明清以后，《三字经》《百家姓》《千字文》是几乎家诵人习，正所谓"三百千"。袁枚在《随园诗话》中写道："牧童八九纵横坐，天地玄黄喊一年"正是真实写照。《千字文》不仅被各地蒙馆塾师用作儿童课本，亦为社会上诸多行业所采用，如考场试卷编号、商人帐册编号、大部头书籍编号等皆以《千字文》字序为序。《太平广记》是一部收录唐五代以前小说、杂录的集大成之作，其中也引用了不少用《千字文》语作文、说话的资料，读来显

得非常幽默风趣。

《千字文》是我国早期的蒙学课本。《千字文》用不重复的一千个字，以四字韵语联缀成文。它的每句话都表达了一定的意义，全文涉及宇宙、自然、社会、历史和日常生活等多方面的内容，并非简单地文字堆砌。隋唐以来，《千字文》大为流行，背诵《千字文》被视为识字教育的捷径。《千字文》乃四言长诗，首尾连贯，音韵谐美。以"天地玄黄，宇宙洪荒"开头，"谓语助者，焉哉乎也"结尾。全文共 250 句，每四字一句，字不重复。它不是简单地单字堆积，而是条理分明、通顺可诵、咏物咏事的韵文，将人文历史、天文知识及社会

王羲之

王羲之 (303 年—361 年)，字逸少，号澹斋，是东晋伟大的书法家，被后人尊为"书圣"。代表作品有：楷书《乐毅论》《黄庭经》；草书《十七帖》；行书《姨母帖》《快雪时晴帖》《丧乱帖》《兰亭集序》等。

伦理等生活碎片整编为易于记诵的诗语片段。所选千字，大都是常用字，生僻字不多，便于识读。因流传甚广，以致文书编卷都采用"天地玄黄"来代替数字。当时的兄弟民族地区也出现了满汉、蒙汉文的对照本字。由于历代不少大书法家都曾书写《千字文》，更使其至今仍是学习各种书法的范本。

《千字文》实录九百九十四个汉字，重字凡六，以汉语拼音为序列于下。

"发"：周发殷汤；盖此身发。

"巨"：剑号巨阙；巨野洞庭。

"昆"：玉出昆冈；昆池碣石。

"戚"：戚谢欢招；亲戚故旧。

"云"：云腾致雨；禅主云亭。

"资"：资父事君；务资稼穑。

明代古文大家王世贞称此书为"绝妙文章"，清之褚人获在《坚瓠集》中赞其"局于有限之字而能条理贯穿，毫无舛错，如舞霓裳于寸木，抽长绪于乱丝。"

文以育世，风靡盛传

《千字文》编撰出来后，就在社会上广泛流传，历经唐、宋、元、明、清诸朝，在一千多年的时间里始终盛行不衰。不但用作蒙学的识字教材，而且受到成人社会的欢迎，老少皆宜、雅俗共赏。《千字文》在我国的传播，达到了家喻户晓、深入人心的程度，并在日常生活中广泛传诵。

史书记载，唐时《千字文》已经风靡流行，深入人心。《唐摭言》中记载："顾蒙，宛陵人，博览

永真草《千字文》

经史，慕燕许刀尺，亦一时之杰……甲辰淮浙荒乱，避地至广州，人不能知，困于旅食，以至书《千字文》授于聋俗，以换斗筲之资。未几，遘疾而终。"有《唐语林》记载，薛涛随客饮酒，行《千字文》令，带"禽鱼鸟兽"四字。《太平广记》引唐人侯白《启颜录》的记载说，有人用《千字文》语乞社，"敬白社官三老等：切闻政本于农，当须务兹稼穑，若不云腾致雨，何以税熟贡新。"句中的"政本于农"等皆出自《千字文》。

宋元以降，即使新出的《百家姓》《三字经》风行于世，也没有影响《千字文》的继续传播。宋人项安世所著《项氏家说》说："古人教童子多用韵语，如今《蒙求》《千字文》《太公家教》《三字训》之类。"可知《千字文》在宋代仍是普遍使用的蒙学教材。《千字文》不但用作蒙学教材、明清时科举考棚及试卷编号、商家账簿的编号，甚至一些大部头书如《知不足斋丛书》卷册的编号，都采用《千字文》字序，从"天地玄黄"开始，依次编排。由此可见《千字文》社会影响之大。

《千字文》从编出到现在，能够盛行不衰，深入人心，同它在内容上和编写上的优点分不开的。从内容上说，它适应蒙学识字教学的需要，符合我国人民文化和心理上的要求。从编写上说，它在继承我国蒙学教材的优良传统的基础上，又有了新的发展。

欧阳询行书千字文

　　《千字文》曾在一段时间几乎取代了《急就篇》的地位，成为新时期里流行的蒙学教材，一方面，是因为社会的不断发展，《急就篇》里的一些内容和思想已略显陈旧；另一方面，也是因为《千字文》囊括了《史籀篇》《急就篇》里的思想精华，继承和吸收了编写上的成功经验，并有所突破和创新，成为紧跟社会的时代读物，其社会影响后来居上。《千字文》继承了过去蒙学教材以教识字为主，结合课文进行知识和思想教育的优点，又在知识教育方面拓宽了领域，在思想教育方面加重了分量。比如，《急就篇》的内容仅包括姓氏名字、服器和文学法理几个部分，从下面将介绍的《千字文》的内容可以看出，它比《急就篇》丰富得多。又如，整齐押韵是我国蒙学教材的传统，

宋徽宗草书《千字文》

《急就篇》用的是三言、四言和七言韵语，以七言为主；而《千字文》全书一律用四言韵语，押韵自然，铿锵悦耳，适合日常传诵。再如，古代蒙学识字教材讲究一本书里不能有重复的字，但要表达出一定的内容。这就对编写提出了很高的要求。《千字文》仅用不到《急就篇》一半的文字，却表达了更为丰富的内容，确实超乎其上。后人评论《千字文》，无不赞叹其编写之"巧"，称之为"绝妙文章"。

深入浅出，言近旨远

周兴嗣编《千字文》的同时，先后编出的千字文还有好几种，然而其他版本都没有流传，独他编的《千字文》盛传千年。

对《千字文》进行改编和续编的原因和动机概括起来多为以下几类。

（1）《千字文》字数少，所陈述的内容不够深入翔实，所以要增扩补充，如宋侍其玮编《续千字文》。

（2）周编《千字文》内容庞杂，囊括万千，后世用千字专讲某一领域的内容，更加深刻和具体。比如，宋胡寅编《叙古千文》专叙历史，明李登编《正字千文》用于正字，等等。

（3）周编《千字文》进行封建思想教育的作用和效果不够明显，不能很好地适应封建统治者的需要，为了迎合封建统治者统治政权的要求，后人又进行续编。比如，桂珍编、唐鉴作序的《训蒙千字文》，在清末极受道学家的推崇，被列为"训蒙必读书"之一，成为后世编著的服务于封建统治的教育工具。

采用常用的字词和语句，避免深奥难懂，是周兴嗣编《千字文》的一大特点。这是它能战胜众多新编本、保持强大生命力的一个重要原因，也是当初《千字文》取《急就篇》等古代蒙学教材而代之的一个重要因素。张志公先生论及此事说，今天看来，周编本早已家喻户晓，深入人心，习惯力量不容易打破，这固然是一个原因，但是更重要的原因恐怕在于这些新编本大都有一个共同的毛病——不符合儿童的接受能力，也不符合初步识字的需要。这个事实，也许可以作我们编写教材的一个前车之鉴。张先生还说，周编《千字文》所选的一千个字，都是古书上常用的，没有很生僻的字，用文言的标准看，多数的句子也是普通的结构，晦涩拗口的句子很少，引古书，用典故的地方有一些，不太多，也没有深度。

顾炎武在回顾蒙学教材发展史时就曾指出，"盖小学之书，自古有之，李斯以下，号为《三苍》，而《急就篇》最行于世，自南北朝以前，初学之童子，无不习之，而《千字文》则起于齐梁之世，今所传"天地玄黄"者，为梁武帝命其臣周兴嗣取王羲之之遗字次韵成之，不独以文传，而又以其巧传，后之读者苦《三苍》之难，而便《千文》之易，于是至今为小学家恒用之书。顾炎武指出后之读者苦《三苍》之难，说明其难有历史发展方面的原因，如那时的常用字，后代不大用了；但是《千字文》较《三苍》为易，也是事实，后来的《三字经》则又比《千字文》通俗。可见，蒙学教材在发展中越来越注意到，既要有丰富内涵，又力求通俗易懂，以适合儿童之用。这是我国蒙学教材在发展中积累起来的一条根本经验。

《百家姓》《三字经》曾一度风行于世，然而没有重演历史上的《千字文》盖过《急就篇》的奇迹，《千字文》也不曾以"老资格"身份，把《百家姓》《三字经》压制下去。相反，这三本蒙学教材在流传过程中，逐渐走向合作配套，成了蒙学通用的识字系列教材。于是有了"三百千"的称呼。"三百千"能够合作配套，是因为它们都是经过历史考验的优秀教材，而且各有特点，能够取长补短、

米芾小楷《千字文》

相辅相成，对儿童进行多方面的教育，达到蒙学集中识字阶段的任务。明人吕坤在《社会要略》中写道："初入社学，八岁以下者，先读《三字经》，以习见闻；《百家姓》，以便日用；《千字文》，亦有义理。"《千字文》究竟含有什么样的"义理"，为什么这些"义理"受到古人重视和欢迎呢？这就需要仔细研究《千字文》的内容。《千字文》介绍知识名物不像《三字经》那样系统完整，集中概括，但是在像信手写来、杂乱无章的内容中，却十分鲜明地表达了作者的思想。

包罗万象，囊括万千

《千字文》篇幅短小，容易卒读，是其能够广泛流传的一个原因。《千字文》语言优美、多用对仗、生动活泼、富于文采，得到广大知识分子的赞扬和提倡，如其开篇对天地、宇宙、自然进行了介绍。部

分内容如下。

　　天地玄黄，宇宙洪荒。

　　日月盈昃，辰宿列张。

　　寒来暑往，秋收冬藏。

　　闰余成岁，律吕调阳。

　　云腾致雨，露结为霜。

接着讲了文明社会的建立、三代兴替历史和理想政治形势。部分内容如下。

　　龙师火帝，鸟官人皇。

　　始制文字，乃服衣裳。

　　推位让国，有虞陶唐。

　　吊民伐罪，周发殷汤。

　　坐朝问道，垂拱平章。

　　爱育黎首，臣伏戎羌。

　　遐迩壹体，率宾归王。

下面是大段关于伦理关系、道德修养和人生经验方面的内容。《千字文》第一部分内容的安排是以天人合一、自然与社会统一、政治与道德一体的思想为线索的。关于伦理、道德、人生方面，既有儒家三纲五常、忠孝节义的说教，也有道家"性静情逸，心动神疲，守真志满，逐物意移"等内容，还有处世做人方面的经验和劝谕，其中一些内容即使在今天也具有深远的指导意义。部分内容如下。

　　知过必改，德能莫忘。

　　罔谈彼短，靡恃己长。

　　信使可覆，器欲难量。

　　墨悲丝染，诗赞羔羊。

　　……

　　祸因恶积，福缘善庆。

　　尺璧非宝，寸阴是竞。

　　……

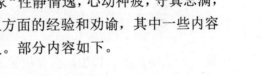

似兰斯馨，如松之盛。

川流不息，渊澄取映。

容止若思，言辞安定。

笃初诚美，慎终宜令。

第二部分介绍二京（长安、洛阳）里帝王将相的豪华生活，历史上建功立业的贤相名将，祖国的山川大势，最后又一次归结到如何做人的问题上。这部分内容既有鼓励人们争取功名、为国出力的人世思想，又有退隐田园、与大自然为伍的出世思想（"殆辱近耻，林皋幸即""索居闲处，沉默寂寥"等）。我国知识分子一贯奉行"达则兼济天下，穷则独善其身"的人生原则。倾心于庙堂之上，钟情于田园之中，两者并不矛盾，而是一种从容进退、豁达乐观的人生态度。

第三部分讲日常生活中的衣食住行、酒宴祭祀、读书发明等。最后，全书以读书做官度过美好人生作结。部分内容如下。

年矢每催，曦晖朗曜。

璇玑悬斡，晦魄环照。

指薪修祜，永绥吉劭。

矩步引领，俯仰廊庙。

束带矜庄，徘徊瞻眺。

孤陋寡闻，愚蒙等诮。

谓语助者，焉哉乎也。

《千字文》包括人伦关系、品德培养、人生经验、人生态度和追求等，既融合了儒家思想，也有道家言论。这是魏晋南北朝时期儒、道、佛三教并存，日渐走向融合的反映。值得注意的是，在佛教盛行的南北朝时期产生的《千字文》，却丝毫没有佛家积善修行、消极人生的内容。梁武帝佞佛，竟四次舍身入寺被赎了回来；而奉武帝之命次韵的《千字文》竟然找不到佛的痕迹，坚持了我国教育非宗教化的历史传统，这是十分可贵的。《千字文》中反映的道家思想，是经过了玄学的发展，并开始融进儒家思想的、新时期里的道家思想。它的积极意义是把自然与名教结合起来，表现出珍惜人生、热爱自然、追求美好生活的态度。《千字文》把事物都写得那么美好，处处流露出欢快明朗的情绪，正是这种积极的人生态度的反映。

我国传统文化以儒家思想为主，又以道家思想为重要的补充。在阳刚与阴柔、进取与退守、群体与个体等许多问题上都形成儒道互补的观点。很多知识分子在台上是儒家，在台下时又成了道家。我国文化发展的这种性质形成人们的共同心理，是《千字文》能够为社会所接受的原因。《千字文》以通俗的表达方式，使人乐于接受它所宣传的人生道理。它所介绍的为人处事经验，都比较实在，贴近生活，受到人们重视。

《千字文》的内容得到社会的承认和欢迎，但是对于初入蒙学的七八岁的儿童来说，却是难以理解的。那么为什么它又能够在长时期里用作蒙学识字教材，成为"三百千"的组成部分呢？原因是蒙学集中识字阶段的教学，只要求能认字、背书，并不要求懂得多少内容。七八岁儿童把《千字文》背熟，往往终生难忘。那么在他们以后的成长过程中将会逐渐理解其内容，反复加以体味。《千字文》远不如《三字经》通俗，却能与之并驾齐驱，既有《千字文》历史悠久方面的原因，也得力于文人、知识分子对它的大力赞扬和提倡。

《三字经》中的教育思想

王应麟

王应麟简介

王应麟（*1223年—1296年*），字伯厚，号深宁居士，进士出身，是南宋著名的学者、教育家、政治家。他祖籍河南开封，后迁居庆元府鄞县（今浙江鄞县），历事南宋理宗、度宗、恭帝三朝，位至吏部尚书。

王应麟自幼聪明好学，发奋读书，九岁时便通晓"六经"；十八岁时，也就是 *1241* 年中进士，调扬州教授，以博学多才名震朝野。

王应麟升迁为太常寺主簿后，为重振国势，向理宗上言：淮河一带正受到战争威胁，蜀川地方道路阻滞，沿海官吏也都有藩篱唇齿之忧，军功未集而咨赏，民力既闲而重敛，非治国的长策。理宗听了凄怆道："边防事，确很忧虑。"应麟答道："无事深忧，临事不惧。只要及时预防，不受蒙蔽和欺骗。"可是，朝中大臣丁大全忌讳谈论边防战事，诬告王应麟无事生非，于是王应麟被罢了官。不久，边境打了败仗，王应麟被重新起用，先是任台州通判，以后又召为太常博士。

度宗即位后，王应麟为礼部郎官，起草百官表，按旧制规定上了四道表。到了那天晚上，丞相要他立即增撰三道表，王应麟操笔立就，丞相从皇陵归来，又要他撰三道表章，使者立等要取。王应麟从容地拿起笔来一挥而就，朝臣无不惊服。于是，王应麟兼任直学士院转秘书少监兼侍读。

王应麟经常上疏劝谏度宗克勤克俭、勤政爱民，很得度宗的赏识。但也触怒了宰相贾似道，贾似道每每要赶逐王应麟出朝廷，但又有顾忌。他对包恢说，驱逐王应麟易如反掌，只是此人素著文名，怕天下人说我遗弃学子。他要包恢去警告王应麟，别在度宗面前多言多语。王应麟听了包恢的转告后笑笑说："触犯宰相患小，欺负君王罪就大了。"

后来，王应麟迁起居舍人兼权中书舍人时，时值寒冬，忽然天空雷声隆隆，朝廷震恐，议论纷纷。王应麟见朝廷奸邪当道，便借机说道："这是臣下不遵君王的圣意，奸邪猖狂，致使皇天大怒。"贾似道听了他的话，十分恼恨，便决意要把王应麟逐出朝廷。咸淳五年（*1269* 年），贾似道把他放到徽州当了个太守。咸淳七年，又召为秘书监权中书舍人。王应麟见朝中奸邪当道，几次推辞

宋恭帝

宋恭帝赵㬎（*1271* 年—*1323* 年），南宋第七位皇帝，宋度宗次子。他是全皇后所生，即位前曾被封为嘉国公、左卫上将军等，谥号恭皇帝，无庙号（一说庙号恭宗）。

都未准许，以后兼权吏部侍郎。可他忠直之心依旧，又向度宗上书，力陈成败逆顺之说。度宗很不高兴，贾似道又密谋重新把王应麟逐走，恰好王应麟母亲去世。于是，王应麟辞官回家办理母亲的丧事。

恭帝即位（*1275年*），王应麟授中书舍人兼直学士院。那一年贾似道打了败仗退居扬州，王应麟上书弹劾贾似道在扬州"家畜乘舆，服用御物，有反状，乞斩之"。于是，恭帝下诏追究贾似道。王应麟兼同修国史实录院修撰兼侍读，以后迁礼部侍郎兼中书舍人，后他又连续上疏，陈备御十策，上疏阻止贾似道一党和贪生奸邪之徒封官进爵，但都未被采纳。于是，他辞官东归，回到家乡鄞县。朝廷虽然几次以翰林学士召他还朝，他见当朝昏庸、奸臣当道、国是日非，便坚决不回朝了。

王应麟历事三朝，不愧是一位忠肝义胆的直臣。不过他在学术上的成就更为卓著。南宋后期由于国是日非，史院无人，凡是封拜将相的词命，皆出他之手。正如南宋著名学者汤汉所说："我一生见过的人不可谓不多，惟有王伯厚（应麟）才算得上是位真正的学者。"王应麟对经史百家、天文地理都有研究，长于考证。

南宋灭亡后，他隐居乡里，杜门不出，埋头著书立说。明代著名诗人、王应麟同乡黄润玉在他写的《先贤赞》中称颂这位先哲是："春秋绝笔，瑞应在麟。宋祚讫录，瑞应在人，尼父泣麟，先生自泣。出匭其时，呼嗟何及。"他家居二十年，所有著作，只写甲子，不写年号，以示不向元朝称臣的决心。他一生著作甚丰，有《困学纪闻》《玉海》《诗考》《诗地理考》《汉艺文志考证》《玉堂类稿》《深宁集》等六百多卷。他写的《三字经》，是流行甚广、影响很大的启蒙课本。

王应麟的教育思想

1.重视道德教育的重要意义

王应麟从唯心主义观点出发，认为人降临于世就具有一种善良的"德性"，即具备了所谓"五常"——仁、义、礼、智、信。既然人本身就有这些善良之性，在现实生活中为什么有的人为"善"，有的人

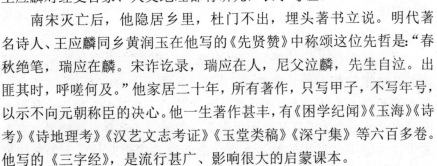

为"恶"呢？这是因为"习相远"的缘故。历代儒家认为，这是因为"及其长也，知识渐开，世情已晓，或为物欲所蔽，或为七情所染，或因贪嗔痴爱以丧其心，或因酒色财气以失其德，而放旷为非，遂无所不至矣"，是由于每个人"操存省察而学习之不同也"，并进一步认为"习于善者，引其所善，自然日进于高明，则为贤、为智、为君子。习于恶者，引其所恶，自然日流于污下，则为愚、为不肖、为小人"。在后面的文字里，王应麟进一步明确指出："玉不琢，不成器。人不学，不知义。"

王应麟用极为简明的文字，极其深刻地论述了重视道德教育的重要意义，而且进一步认为，进行道德教育的重要意义还在于宜早不宜迟，使原本明如镜的"心"不至于"一旦尘埃污垢闭了光明"，不使"幼稚之性移于不善也"。

这种观点，对我们今天还具有十分重要的、积极的借鉴作用。

2. 强调环境在家庭教育中的作用

王应麟强调客观环境在教育中的重要作用，这一观点为古今中外历代教育家所重视。中国封建社会的儒家尤其重视环境对人修身养性的影响，如古人提出的"近朱者赤，近墨者黑""染于苍则苍，染于黄则黄"。

王应麟根据儿童的特点，用形象的、直观的文字同样阐述了环境对儿童道德修养的重要作用，曰："昔孟母，择邻处。"这就是历史上著名的"孟母三迁"的故事。说的是孟子少时，父早丧，其母一心培养孟子，由于"居住之所近于墓，孟子学为丧葬，踊痛哭之事"，孟母认为这不是理想的教子之居，故而迁到闹市，然又因为其居靠近屠场，孟子由于受其影响，"学为买卖宰杀之事"，孟母又认为"亦非所以居也"，继而迁于学宫之旁。由于学宫每月朔望，官员入文庙，行礼拜、揖让、进退，孟子见了，一一习记，后来终成大儒，被后世尊为"亚圣"。

3. 提出家族教育的作用和重要性

在以家庭为本位的古代社会中，中国传统教育思想特别重视家

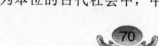

庭教育的作用和重要性。

在《三字经》中，王应麟用了较大篇幅，论述了家庭教育对儿童道德形成和发展的特殊作用和重要性。

如："子不学，断机杼""窦燕山，有义方，教五子，名俱扬""养不教，父之过"等。

4. 推崇以"孝悌"为本的道德教育

以"孝悌"为本的道德教育思想，最早为孔子提出，他说："弟子入则孝，出则弟，谨而信，泛爱众，而亲人，行有余力，则以学文。"孔子认为，为了实现"仁"的教育，"孝弟"应作为"仁"的教育根本。

王应麟继承和推崇孔子这种"孝弟"的道德本位思想。他认为："首孝悌，次见闻。知某数，识某文。"王应麟认为，"孝"是各种道德规范的根本，贯穿人的行为始终，从侍奉顺从父母，到治国安邦，由君主到平民都离不开孝。"悌"主要指尊敬兄长，孝顺父母和尊敬兄长应作为优良的道德传统发扬光大。

5. 注重"立志"和精神陶冶

王应麟很注重对其学子进行道德教育，注重"立志"和百折不挠的精神陶冶。所谓"志"就是"心之所之（止）"，立志就是确立目的和理想，使一个人有明确的努力方向，以充分发挥他的主观能动性。

这些观点在王应麟所著的《三字经》中，通过选用大量勤学苦读的历史故事，得到了充分的体现。

当然，勤学苦读是为了个人的功名利禄，是为了"扬名声，显父母。光于前，裕于后"。在今天，我们应当摒弃和批判，但就其所反映出的那种"发愤忘食"的坚韧不拔的意志和精神，是值得我们学习和继承的。

论教育的必要性和可能性

《三字经》是我国元、明、清时期广泛流传的蒙学识字课本，是古代蒙学教材中具有代表性的一种。《三字经》历经元、明、清三代，久盛不衰，不但成为启蒙教育的基本教材，而且在社会上广泛传播，达到了家喻户晓、妇孺

《三字经》书影

皆知的程度。全书的主旨在于传授儿童做人的基本道理和一些历史文化常识，同时启发学生要勤奋学习，指出学习对于人的一生具有极其重要的作用。

《三字经》内容大都采用韵文，三字一句，四句一组，如诗一般，整体具有独特的美感。其体现在外在形式上，如精炼齐整的建筑美、韵律和谐的音乐美、辞雅对工的绘画美及优美流畅的书法美；内容方面主要体现为史事丰富的意蕴美和似兰如松的品行美。

《三字经》开篇为"人之初，性本善"，然后论述教和学的重要性。从"性善论"出发论述教与学的必要性和可能性，是孟子以来儒家传统的教育思想和逻辑。它在唯心主义的形式中，包含着大量合理的内容和有益的经验。《三字经》里有些话说得十分深刻，确实能打动人心，因而成了广泛传诵的格言，至今仍不失其教育意义。

倡导儿童的德智启蒙

《三字经》的第二部分介绍儿童须知的封建伦理道德，以及基本的数目和名物知识。这是根据孔子"弟子入则孝，出则弟，谨而信，泛爱众而亲仁，行有余力，则以学文"的要求，对儿童进行德、智两方面的启蒙教育。

在德育方面，主要讲封建的"三纲、五常、九族、十义"，今日儿童教育自不可取。但是像"为人子，方少时。亲师友，习礼仪。香九龄，能温席。孝于亲，所当执。融四岁，能让梨，悌于长，宜先知"等话，今天仍有批判继承的意义。如果我们不拘泥于"温席""让梨"的具体情节，抛弃旧时礼仪的等级内容，而是吸收其中积极的意义，加强对儿童的礼貌和行为规范教育，以及友爱他人的教育，不也是很有意义的吗？

在智育方面，这部分介绍了一、十、百、千、万数目，以及"三才、三光、四季、四方、五行、六谷、六畜、七情、八音"等各方面知识。

以数字概括出某一方面的内容，便于儿童记忆背诵。而且内容浅近，文字通俗，切合儿童启蒙需要，适应初入学儿童智力发展水平。

部分内容如下。

一而十，十而百。

百而千，千而万。

三才者，天地人。

三光者，日月星。

相比于其他蒙学教材，《三字经》在介绍名物时，往往顾及儿童学习能力，并不只是简单地罗列大量名词，又避免了介绍名物不够完整、集中的问题。例如，关于家畜，《三字经》把"马牛羊，鸡犬豕"概括为"六畜"介绍给儿童，也便于儿童掌握。

提出儿童教育的内容

《三字经》的第三部分提出蒙学教学内容，介绍"四书""六经""五子"这部分内容，其他的蒙学教材是没有的。它提出分阶段读书的目标和要求，起着动员儿童努力读书学习的作用。它介绍古代学者及其著作，对于普及文化典籍知识起了积极的作用。部分内容如下。

凡训蒙，须讲究。

详训诂，明句读。

为学者，必有初。

小学终，至四书。

……

孝经通，四书熟。

如六经，始可读。

诗书易，礼春秋。

号六经，当讲求。

以史为鉴，教育儿童

《三字经》的第四部分，讲述历史，主要介绍历史上的朝代兴替和帝王世系。这部分内容约占《三字经》总篇幅的四分之一，而且随着时间的发展，新的刊本又

孔融让梨

几次补进了近现代内容。我国有重视历史的传统，学习历史对于增强民族自信心和凝聚力、弘扬民族文化传统，起着十分重要的作用。虽然按照古代学校课程安排，读史是大学的任务，在蒙学阶段（小学），根据儿童接受能力，不要求学生去读史、汉、纲鉴等历史著作，但不是说蒙学里就不向儿童进行历史知识的教育了。相反，从《三字经》的内容看，儿童初入学就在对他们进行最基本的历史教育了。《三字经》也发挥着向社会上广大群众普及历史知识的作用。这一教育的经验和传统，很值得我们学习。

树立榜样，激励儿童

《三字经》最后强调学习的态度和目的。讲述了历史上一连串的奋发勤学取得成就的人物故事，勉励儿童努力学习，做一个有所作为的人。虽然其指导思想是"学而优则仕""显亲扬名""光前裕后"等一套封建主义的人生哲学，但是所讲的故事多

锥刺股

具有启发性，不乏鼓舞儿童奋发向上的作用，而且在社会上广泛传播，成为我国民族精神的一个重要组成部分。可以说，《三字经》既是一部儿童识字课本，同时也是作者论述启蒙教育的著作。部分内容如下。

　　昔仲尼，师项橐。

　　古圣贤，尚勤学。

　　……

　　披蒲编，削竹简。

　　彼无书，且知勉。

　　头悬梁，锥刺股。

　　彼不教，自勤苦。

　　如囊萤，如映雪。

家虽贫，学不辍。

如负薪，如挂角。

身虽劳，犹苦卓。

……

犬守夜，鸡司晨。

苟不学，曷为人？

蚕吐丝，蜂酿蜜。

人不学，不如物。

幼而学，壮而行。

把识字教育同知识、思想教育结合在一起，是我国编写蒙学教材的好传统。《三字经》既是蒙学里启蒙识字的课本，同时又担负了向儿童进行知识和教学思想教育的任务。从知识教学和思想教育方面来说，知识教学占的比重更大一些。思想教育内容，除了进行儒家一般的"三纲五常""九族十义"的宣传，主要是对儿童进行勤勉读书、学习做人的教育，同本书识字和知识教育的任务结合紧密，适合初入蒙学儿童的特点。宋代理学盛行，南宋理宗以后，理学被奉为官方正统思想，朱熹被捧了出来。纵观《三字经》全书，无一语搀入理学、性命、天理，"主敬灭欲"的说教，显得比较亲切，这是难能可贵的。

总之，无论就内容论，或就语言论，《三字经》的编写都是十分高明的。《三字经》作为产生和流传于封建社会的蒙学书，其局限性和落后性自不能免。但无论如何，它能够长久流行，为社会长期接受，其在传授基本知识、进行道德教育、采取易于上口、易于记忆等形式方面，确实有其长处和优势，是不能也不应一笔抹杀的。仅仅在这一点上，即自有其文化史和教育史上的价值。

《潜书》中的教育思想

唐甄生平简介

唐甄（*1630年—1704年*），字铸万，最初名大陶，后更名甄，别号圃亭，四川达州人，是明末清初和王夫之、黄宗羲、顾炎武等齐名的大思想家，是具有启蒙民主主义思想的代表人物之一。在当时，他与吕潜、费密一同被称为"清初蜀中三杰"。

唐甄出身于官僚地主家庭，其先世在明代是达州的显贵，至明末衰落。其祖父唐自华"居官廉，多惠政，尤振兴文教"；父亲唐阶泰为明末进士，曾任吴江（今属江苏省）知县。唐甄八岁时随父去吴江任所，后又随父宦游江西、北京、南京等地。唐阶泰刚毅明达，"当是时，朋党附势相倾"，而"参议（阶泰）独立无所与"。在这样的家庭环境的教养下，唐甄的为人，出入进退，如凤皇芝草。顺治二年（*1645年*），清军入关攻占南京后，父子避难于浙江绍兴，后返居吴江。清顺治六年（*1649年*），其父忧愤离世而家道中落。《清史稿·列传·卷二百七十一》记载："甄性至孝，父丧，独栖殡室三年。以世乱不克还葬，遂葬父虎丘。"

唐甄少时，独好为文，十四五岁即"嗜古学，精进淬砺，不拘于师说，落笔卓有端绪，善为诗歌"。当时，有人见其《散病》《独饮》《春游》等诗作，一致称赞他说："孺子可树也！"少年时代的唐甄年少气盛，自命不凡，潜心于先秦诸子百家，摒弃汉代以下学者著作，尤其不满汉儒经学和宋代程朱理学。

唐甄为了实现自己"上望伊（尹）、吕（望），左顾萧（何）、张（良）"，可"为工者师"的抱负，参加科举考试。顺治十四年（*1657年*），唐甄中举人，其后出任山西潞安府长子县知县。之前的长子县历任官吏多以酷刑治理，而唐甄对有罪之人"恻然悯之"，废除夹棍酷刑。该县土地贫瘠，百姓贫困，赋税经常在过了期限之后还是交纳不上。只有喙里一个乡，每年五月全部交清，唐甄查明原委，得知是靠种桑养蚕致富。于是，他请喙里的民众为师，到全县各地指导百姓种桑养蚕。唐甄自己则"亲行村野，察其勤惰"，"奖劝与督责并施"，仅三旬，便植桑八十余万株。后来，百姓收入大增，赋税也能按期缴纳，长子县的县民都说："唐公是官吏中的贤能之人啊！"可是，就是这样一位好官，在知县的位子上坐了不满十个月，便因与上司意见不合而被革职。之后，唐甄游历河北、河南、山西、湖北、安徽、浙江、江苏等地，并试图在这些地方谋得一官半职，不想却屡遭打击，始终不能如愿。

随着政治上的失意，唐甄的经济状况也每况愈下。他原有土地七十亩，可收租四十一石，江南税重，要纳赋税二十石，去其收入一半，不足维持家计。他把仅有的这点微薄田产变卖经商。虽经他惨淡经营，可仍是"尽亡其资"。在不得已的情况下，他便去充当"牙"，即商品买卖的中间人，但又遭到"客无至者，产失而行废"的厄运，竟落得颠沛流离，穷困潦倒。最后隐居于吴江。清王闻远在《西蜀唐圃亭先生行略》中记载，唐甄"僦居吴市，仅三数椽，萧然四壁，炊烟尝绝，日采废圃中枸杞叶为饭"。为了养家糊口，唐甄只好开办书馆，做达

顺治帝

顺治帝福临，清朝入关后的第一位皇帝。他是皇太极的第九子，生于崇德三年（1638年）。崇德八年在沈阳即位，改元顺治，在位十八年。辛于顺治十八年（1661年），终年二十四岁。顺治帝天资聪颖，读书勤奋，他吸收先进的汉文化，审时度势，对成法祖制有所更张，且不顾满洲亲贵大臣的反对，倚重汉官。

贵子弟的家庭教师，著书卖文，依附官府做点伏案抄写的工作，过着十分穷困的生活。

有一年夏天，唐甄怀揣所著的《衡书》去拜访寄居吴传鼎家的文学名士魏禧。门人见唐甄衣冠褴褛，接过去他递来的书卷却将他拒之门外。魏禧见其书，读至《五行》篇，蹶然而起，惊呼说："此乃周秦之书也，今犹有此人乎！"急忙招呼门人去追唐甄。唐甄到来，魏禧"衣冠迎人"，亲手扶他坐于堂上，而自拜于堂下说："君之书掩汉而上，五百年无此文矣！"魏禧不久即从《衡书》中选刻其文十三篇。此书面世后，四方争购，唐甄的名字才为天下所知。梅定九评价《衡书》说："此必传之作，当藏之名山，以待其人耳！"

令人敬佩的是，在饥寒交迫的晚年，唐甄仍"勤于诵读，笃于筹策"，每天鸡鸣而起，夜半而寝，"陶陶然振笔著书"。一次，旧友路过来访，见此情景，不免潸然泪下，而唐甄却谈笑风生，面无凄苦之色。他安贫乐道，志在天下，希冀有朝一日成为王者师，期盼通过其学说主张改变现实政治。

唐甄晚年，江苏布政使顾献征顾爱其才，聘他为门客，待之甚厚。有一天，顾献征因"祭其所亲"，让唐甄写一篇悼文。唐甄不齿，拂袖而归。回到家后，他更加贫穷了，长叹："莫知我也夫！不忧世之不知我，而伤天下之民不遂其生。"于是"发而为言"，继续撰写他的《衡书》，"天道、人事、前古、后今，具备其中"。"衡者，志在权衡天下也"，他仍期望有"立于明主之侧，从容咨询"，"为王者师"的时机，以实现其"天下大治""民遂其生"的目的。后来，因在政治上连蹇不遇，唐甄自知很难有所作为，于是将《衡书》更名为《潜书》，其意与东汉王符作《潜夫论》同，即"以讽当时失得，不欲章其名"。

唐甄生于明崇祯三年（1630年），卒于清康熙四十三年（1705年），得年七十五岁，终其一生无用于世。他曾自述道："吾少不知学，四十而后志于学。窃闻圣人之道而略知圣人治天下之法，勤于诵读，笃于筹策。鸡鸣而起，夜分而寝。"唐甄辛勤著述三十余年，但除《潜书》外，其余作品，如《毛诗传笺合义》《春秋述传》《潜文》《潜诗》

《日记》等著作均已散佚。也就是说，《潜书》是唐甄留下的唯一著作，也是能够代表他思想观点的唯一著作。

王闻远在《西蜀唐圃亭先生行略》中记载："先生（唐甄）与人交，凡患难有无，必与共焉。李条侯困于京师，先生贷而与之二百余金。后自处贫窘，终未尝责其偿也。与曾青黎友善，青黎没，寡妾弱息，异乡无依，遍乞于友以给养之。"唐甄与朋友患难与共，救朋友于危难之中却不求回报，尽其全力帮助朋友寡妻。从中可见唐甄的高尚情操。

值得一提的是，唐甄与写作《柳边纪略》的杨宾（1650年—1720年）是好友。康熙二十八年（1689年），杨宾前往探视流放宁古塔的父亲杨越（号安城），行前，唐甄作文送行，文曰《奉送可师谊兄出塞省亲序》。杨宾双亲在流放地，前去探望本是伤心的事情，唐甄在序中却别出心裁，盛赞杨越的义行以宽慰好友。

杨越的友人钱允武陷入政治案件，在狱中写信给杨越，把小儿子委托给他照顾，不料信件落入官方手中，因未写收件人，官方不知是谁，便动用严刑拷问钱氏夫妇，后者拒不透露，杨越害怕友人因此致死，遂挺身而出，因而被流放。唐甄据此认为："夫委身以急友难，岂非天下之义士哉！士而不义，虽生何为？安城君足以俯仰无愧矣！此其可慰一也。"接着，就杨越在宁古塔的活动，说明可以告慰的两个原因："安城君，杰士也，其才无往不利，彼守疆之将军尊之为上客，军中之事已尝咨之。彼土民人凡有争讼，辄就质之；一言畏服，不复相争。其在彼也人士，箕子之凤，管宁之迹，于今犹可睹焉。此其可慰一也。安城君之季子生于彼土，教之读书，有俊才。将军召入幕府，凡章奏文书，皆其手泽。安城君尝采山校猎，多得人参、貂皮，与中土之贾为市，致富累千斤。营田园，结婚姻，长子孙，已足以自乐矣。此其可慰一也。"唐甄又以有的外出之人有家而不能归的实事作比方，进一步地宽慰："今之人宦游远贾，有没身不归，而子孙不得终养送死者多矣，何必异役乎！可师兄弟年少力强，能狭鞍马，冒霜雪，可以更休迭出，往来无间，非常辞永诀者也。此其可慰一也。"（《潜书》

附诗文录）这一送行序，岂止是劝慰之文，还将杨越在流放地的生活，如尚义、参议民事、贸易、生子及其发展，作了交代，令人形成对他的认识：义侠、能干而有活力。

唐甄的思想主张

在研究唐甄的教育思想之前，先观其哲学、经济和政治等思想主张是很有必要的。

王阳明像

唐甄是清初经世致用之学的积极倡导者，他反对程朱理学空谈心性，不讲事功，认为程朱理学的闭门修养，"内尽即外治"的唯心论就像米可生食而不必炊一样荒谬可笑。他在《辨儒》一文中说："儒之为贵者，能定乱除暴，安百姓也。若儒者不言功……何以异于匹夫匹妇乎？"在哲学上，他继承王守仁良知之学，是个主观唯心论者。他认为"天地万物在我性中"，主张充分发挥性的作用，去建立事功。他还提出"道贵通，通由于明。道贵变，变由于通"的朴素辩证思想。他把所谓愚忠、愚孝看作一种"崇"，提倡"破崇"，主张废除这种精神枷锁。他反对把儒家经典神圣化，视《诗》与《春秋》为"家人之言，闾巷之语"。

王阳明（1472年—1529年），名守仁，字伯安，浙江余姚人，因被贬贵州时曾居住于阳明洞，世称阳明先生、王阳明，明代著名的哲学家、教育家、政治家和军事家，是朱熹后的另一位大儒，"心学"流派创始人。

在经济上，唐甄强调重视农业，发展工商业，认为统治者"不以富民为功，而欲幸致太平，是适燕而马首马指也"。在军事上，他认为"兵者，国之大事"，赞成"生民救民"而"御人之暴"的正义战争，反对"屠府县百十城，杀无辜数百万人"的非正义战争。

在政治上，其主要思想主张如下。

其一，唐甄对君主专制制度进行了大胆的揭露和批判。首先，他无情地揭露了"君权神授"的谎言，从而动摇了君主专制的理论基础。

他说："人之生也，无不同也""天子之尊，非天地大神也，皆人也"，即认为皇帝也是人，没有什么神秘，君主与天下人生下来就是平等的，别无二致。至于君主承命于天、是天的儿子、天下的人都要无条件地服从他的统治，都是牢笼人心的谎言。

唐甄极为愤懑地揭露和批判了封建君主专制的罪恶和危害，并指出皇帝是一切罪恶的根源，他说"自秦以来"的皇帝都是贼。"杀一人而取其匹布斗粟，犹谓之贼；杀天下之人而尽有其布粟之富，而反不谓之贼乎？"（《室语》）唐甄愤然地说："川流溃决，必问为防之人，比户延烧，必罪失火之主，至于国破家亡，流毒无穷……，非君其谁乎"。（《潜书·远谏》）

唐甄还进一步对君主夺取天下后敲剥人民的骨髓，穷奢极欲地压榨人民的行为进行指斥。他说："天下既定，非攻非战，百姓死于兵与因兵而死者十五六。暴骨未收，哭声未绝，目眦未于，于是乃服衮冕，乘法驾，坐前殿，受朝贺，高官室，广苑囿，以贵其妻妾，以肥其子孙，彼诚何心而忍享之？"唐甄甚至说，如果由他来"治杀人之狱"，对那些嗜杀成性、腐败透顶的君主，"虽百其身，不足以抵其杀一人之罪"。这些对封建君主专制的揭露和抨击是具有进步意义的，表明了他非凡的勇气和胆略。

唐甄说，封建君主们为了争夺天下，攫取皇帝宝座，往往"过里而墟其里，过市而窜其市，入城而屠其城"，这都是荼毒天下人的重大罪行。基于此，唐甄提出了"抑尊"，即限制君权的主张。他说，"人君之尊，如在天上，与帝同体"，其结果是"臣日益疏，智日益蔽"，而公卿们也因为"罕得进见"，往往"于斯之时，虽有善鸣者，不得闻于九天；虽有善烛者，不得照于九州"（《潜书·抑尊》）。君主连一句谏语忠言都不能够听到了，那么君主也就成了一个"蔽目塞听"的独夫寡人了。为防止"势尊目蔽"，君主当"抑尊"。他提出要提高大臣的地位，使他们具有同皇帝及其他权贵作斗争的权力，以"攻君之过"，"攻宫闱之过"，"攻帝族、攻后族、攻宠贵"之过，使皇帝有所顾忌。

唐甄对"官"也进行了猛烈抨击，认为大多数官吏"为盗臣，为民贼"。他指出，那些维护皇帝的将帅、官吏，也都是天子的帮凶，亦罪责难逃。他认为，天下难治，人们以为是民难治，实则不然，他说："难治者，非民也，官也。"

其二，唐甄还提出了爱民、保民、富民的具体政策。唐甄倡导民本思想，强调民是国家的根本，离开了民，便没有国家的政治。他说："封疆，民固之；府库，民充之；朝廷，民尊之；官职，民养之。"（《潜书·明鉴》）意为：国防靠民来巩固，府库靠民来充实，朝廷靠民来尊崇，官员靠民来养活。君主只有爱护人民才能达到长治久安的目的。如果无道于民，纵然"九州为宅，九州为防，九山为阻，破之如椎雀卵也"（《潜书·远谏》）。他大声疾呼："吾愿君之有而勿忘民力也！"

唐甄主张富民，认为"财者，国之宝也，民之命也；宝不可窃，命不可攘"。他呼吁政府帮助农民种植农桑，发展生产，提高人民生活。针对当时贫富悬殊的社会现象，唐甄提出贫富要相对平均的主张。他指出："天地之道故平，平则万物各得其所。"（《潜书·大命》）否则，必然引起社会动乱。唐甄还提倡为民的功利主义，反对理学家们"儒者不计其功"的说法。他认为儒学的可贵之处就在于它能定乱、除暴、安百姓。如果儒者不言功，只顾自己，那就同一个匹夫、匹妇没有什么区别了。

其三，唐甄重视法治的作用，主张依法治国。他认为"国中无法，虽众不一，其主可虏；军中无法，虽勇不齐，其将可擒"；为了维护法律的权威，他认为即使皇帝也不得私自改动法律。唐甄阐明执法与国家治乱的关系时说，"令行则治"，"令不行则不治"，有法而不行，法令虽多，百姓也置若罔闻，官吏也弃之如废纸。他曾列举十种亡国的原因，其中之一便是"有法而无实"与"赏罚不中"。他也强调刑罚的使用要准确适度，"刑罚中，则百姓安"，"求天下之治也易矣"；"刑罚不中，则百姓不安"，国家动乱。刑罚中的关键在于执法者不能凭个人喜怒断狱。在封建专制时代，法自君出，狱由君定，因此"君惟有道，虽恒才常法，可以为治；君惟不道，虽有大贤良法，亦以成乱"。

唐甄主张打击贪官污吏，强调"刑先于贵"。他反对贵族特权，认为"刑自贵始，自宠始，自近始"，并提出善为政者要"刑先于贵，后于贱；重于贵，轻于贱；密于贵，疏于贱；决于贵，假于贱"。他称，即使法律简约也会有权威，刑罚轻薄也可以使人畏服；而如以贵凌贱，法律成为权贵手中"交相为利"的工具，那么法律就失去了原来的意义。为此，他建议仿汉制在京师设立拥有实权的"京兆尹"，处理贵戚与六军的违法案件，限制王侯、公主、后族和阉宦的胡作非为，使"嬖幸不得肆行，豪侠不得惑众"，"宄不得潜藏，京师肃清，郊圻无虞"。

唐甄也继承了"德主刑辅"的传统思想，指出"不言德而言刑"，如医生治病，非但无效，反而会致人于死地。因此，他主张刑罚与教化相结合，而不以刑罚为唯一手段。

唐甄还提倡省刑轻杖，反对重刑。他认为，杀人者"以一死抵一死"，已足以偿其罪恶，"又从而杖之"，就是滥刑。他在知县任上，对于死囚，不加一杖，自称"是为至平，不为过宽"。他反对免死的罪犯"必挞而后释之"，尤其谴责地方官以重刑威吓百姓，"苟治事而事治，惩民而民服"，何必一定要重刑。在唐甄理想中"省刑轻杖，民自畏服"就是善政的其中一项。

在唐甄思想深处，仍把国泰民安的希望寄托在贤明君主身上。他说："天下之主在君，君之主在心。"由此可见，唐甄提出的为君之道仍然没有跳出儒家的思想圈子，这是他思想的局限之处。

《潜书》的结构

《潜书》，起初名叫《衡书》，最初只有十三篇，署名唐大陶。后来逐渐增加到九十七篇，并改名为《潜书》，署名唐甄。唐甄撰述此书"历三十年，累而存之，分为上、下篇。言学者系于上篇，凡五十篇；言治者系于下篇，号曰《潜书》。上观天道，下察人事，远正古迹，近度今宜，根于心而致之行，如在其位而谋其政。"

《潜书》是唐甄的论文集，在体例上模仿汉代王充的《论衡》。全书的内容不在于引经注典，更不同于汉后诸儒的文字章句之学，而是针对时弊，吸取明末政治腐败导致农民起义的教训，提出一系列抨击君权专制和倡导以民为本的、进步的政教观点和主张，旨在善政养民，摒弃程朱理学，以实学济世扶危，治国平天下。

《潜书》九十七篇，分上、下篇，上篇又分上、下两部分，上篇上共二十一篇，自《辨儒》至《劝学》；上篇下共二十九篇，自《取善》至《博观》。下篇亦分为上、下两部分，下篇上自《尚治》至《棍政》共二十四篇；下篇下自《惰贫》至《潜存》共二十三篇。全书主要是政论文，一部分是教育著作。论述教育的有《辨儒》《宗孟》《法王》《知行》《性才》《自明》《敬修》《讲学》《劝学》《取善》《五经》《得师》《太子》《明悌》《诲子》《博观》《用贤》《教蚕》《全学》《审知》等诸篇。

正是因为《潜书》具有鲜明的独特观点和比较彻底的批判精神，所以在其问世后立即引起较强烈的反响，毁誉参半。毁之者贬斥它为"文无根柢""足笑倒千人"；而赞之者则肯定它"独抒己见，无所蹈袭""文如孟子，远胜唐宋八大家也！"其实，《潜书》的价值是随着时代的发展而日益显著的。它无情地对封建君主的统治进行揭露和批判，其见地和主张，具有早期资产阶级民主主义思想的性质，对后来我国资产阶级民主革命产生了一定的影响。

《潜书》还具有较高的文学价值。它闳肆道劲，条理通达，行文变化多端，议论纵横自如。除《潜书》外，唐甄还有少数诗文留存。其诗文均颇有特色，值得一读。

《潜书》的教育智慧

《潜书》在教育篇中所阐述的教育主张，是以其反对君权专制和宋明理学空谈心性学风为基础的，表现出鲜明的民主政治倾向和崇尚尊重个性与实学学风的价值取向。《潜书》教育篇章中，论述的教育主张主要有如下几个方面。

1. 重申儒家的教育功用

唐甄在书中以"尽性达才""明功辨义"的观点重新解释儒家教育的目的与作用。

在《辨儒》篇中，唐甄指出："圣贤之言，因时而变，所以救其失也。"他认为，儒家学说是以明道计功而有用于治世的，"儒者不言功"，即具备了儒家修养的人不计较功利的观点是对儒学的歪曲。"儒之为贵者，能定乱、除暴、安百姓也"，意为儒家所尊崇的，是能够平定动乱、清除凶暴、安抚百姓。为此，唐甄还以历史上的典故加以阐述，他认为，如果一个具备了儒家修养的人不言功利，那么，舜就不必使苗人降服，商汤就不必平定夏乱，周文王、周武王就不必平定商纣，大禹就不必治水，弃稷就不必使谷物丰收，伯益就不必去开辟山原和低地，皋陶就不必料理刑罚之事，龙就不必招待宾客和外族的友人，吕望就不必为国家提供奇谋良策，孔子就不必复兴周礼，孟子就不必辅佐齐宣王，荀况就不必谈论军事。以上这些圣人贤者，只要洁身自好，独善其身也就行了。唐甄又说，如果事不成，功不立，儒学及其教育又有什么用呢？

唐甄批评宋代以来的所谓儒学家笼统地对待圣人之言，而在实际生活中建功立业的事却听不到了。什么叫做功呢？唐甄认为兵、农、刑、谷利于百姓，能治乱安邦，能使百姓安居乐业，能"广济天下"，即是实功。针对宋明理学家只讲修心养性，以致"端居恭默""无所施张""空知无行"的流弊，他指出只知"性德"而不知"性才"是不知儒学真谛的。所谓"性才"，即通过"良知"的"自修"，由道德本体之"心"所焕发并作用于客观事物的才能。"如火有明，明有光"，光的大小和明暗不同，人的"性才"亦有大小，但作为教育来讲，唯在"尽性达才"。

唐甄认为："性统天地，备万物。不能相天地，不能育万物，于彼有阙，即己有阙。""性之为才，故无不周。何以圣人乃能周世，后儒不能周身？盖善修则周，不善修则不周。"宋明理学只讲"尽性"而不言"尽才"，故无实功可树。他说："后世之为政者，心不明，则事不达；事不达，则所见多乖，所行多泥。徒抱空性，终于自废，何以性为！"在理论上，唐甄批评宋明理学的心性修养论是一种未能"尽性达才"的错误教育理论，并指出这种教育实践是弃"仁"之教。相反，王阳明的"致良知"之教，"一以贯之，明如日月，涉险履危，四通八辟而无碍也。其见于行事者，使人各当其才，虑事各得其宜；处患难而能全其用，遇小人而不失其正，委蛇自遂，卒保其功"，是"尽性达才""明功辨义"的真儒学之教。唐甄主张废除宋明程朱理学之教，并代之以阳明致良知之教，这一主张是对明末清初所奉行的理学独尊文教政策的一个挑战，反映了他对儒学及其教育价值观的改造。

2. 提出"全学"思想

唐甄提出了"全学"教育内容，把传统学校教学内容由单纯的书本知识扩大到现实生活与生产及军事知识技能范围，以培养"全学人"为教育目标。

在《全学》篇，唐甄指出："学者善独身，居平世，仁义足矣，而非全学也。"所谓"全学"，即包括仁、义、兵三方面的内容。仁与义是历来儒家，特别是宋明理学家所提倡的，但兵则为儒者所不齿。他批评宋明理学教育只讲仁义而耻于言兵，造成了忠臣孝子虽多，但一遇社稷不幸，"君臣震慑"，为"不仁""不义"者虏，国破家亡。由此，他说："所贵乎儒者，伐暴而天下之暴除，诛乱而天下之乱定，养民而天下之民安。"而这一切都需要武力，需要兵来实现。唐甄所倡导的以"仁、义、兵"为内容的"全学"思想与我们提倡的德智体全面发展的教学思想似乎有着某种内在的联系，不过，后者要比前者在范围上更为宽广，在思想上更为先进。

在《教蚕》篇中，唐甄认为三代以下，官吏不知教民田桑，"废海内无穷之利，使民不得厚其生，乃患民贫，生财无术"。有鉴于此，他主张广泛教授民众学习种桑养蚕及饲缫之法，使"有禾之土必有桑焉"。中国从古至今都是一个农业大国，民以食为天，这个道理人人皆知。当今，越来越多的人脱离了农业，生活在大城市中的孩子不知日常生活中吃的五谷杂粮为何物，更不知这些农作物生长的规律，可谓与农业完全脱离了关系。唐甄重视农业和农业教育的思想对我们很有启迪作用，在现在的家庭教育和学校教育之中，可以适当对孩子进行一系列的农业知识教育和实践，让他们成为懂得自然和生活的人。

在《劝学》篇中，唐甄批评后世儒者将儒家学说裂为文学、事功、道学殊途，"习为迂阔无用于世，是以有薄而不为"，丧失了儒学及其为学的根本。他反复强调学以致用，主张把教育内容扩大到现实政治、生产与生活中来，不要囿于心性道德一途。他尖锐地指出，国家五十年来，为政者无一人以富民为事，上言者无一人以富民为言"，是不知"立国之道""惟在于富"，以致"四海之内，日益贫穷，农空、工空、市空、仕空"。因此，他主张以"生养之道"作为教育内容，移风易俗，使国与家富强。

唐甄主张的"学以致用"，其实就是我们所说的理论与实践相结合。而他的"富民"观，与我们现在所提倡的目标也是吻合的。民富才能国强，国强才会立于不败之地，才能保障一个国家的稳定和安全。中华民族那段屈辱的历史，就是因为落后而挨打的。十一届三中全会以来，改革开放三十年后的今天，我们坚定不移地以马克思列宁主义、毛泽东思想、邓小平理论、"三个代表"及习近平新时代中国特色社会主义思想为指导，以经济建设为中心，不断发展生产力，人民日益富足，国力日渐强盛。2008年8月，中国成功举办了第二十九届奥林匹克运动会，再现了中华民族历史文化的博大精深和源远流长，而中国运动健儿也用实际行动展示了中国人不屈不挠的拼搏精神。

3. 加强太子教育

在《得师》篇中，唐甄称誉伊尹放太甲、周公训成王的故事，提出"君德必成于学，而学必得师保"的命题。他认为一国政治的好坏往往取决于君王德智才学的高低，因此对君位的接班人——皇太子的教育尤其重要。如何教导太子呢？唐甄在《太子》篇中系统地阐述了有关教育的原则与方法。

其一，尊师重傅。唐甄认为，天子要尊重师傅。而只有树立师傅的尊严，才能使太子抑尊谦卑。在做法上，他主张打破把师傅作为下属之臣看待的传统，真正使太子处于学生的地位，"进退唯命"。

其二，接触社会实际生活。唐甄认为，对待太子，要"春使视耕、夏使视耘，秋使视获，冬使视藏"，从而使其知道生养之道。除了解农业外，还应当让太子观于桑、牧、牢、泽、圃、山、肆、市、道等，从而知道衣服、车乘、鼎俎、鱼鳖、果蔬、材木、器用等来之不易，知道商人、兵士、劳役等的劳苦。

其三，注意教育环境。尽量不要让太子受到外界影响，不要异宫而处、异庖而食、异笥而衣，生活上不搞特殊化，同时还要禁止同宫女、宦官的接触，因为女色伤身，宦官害政，这是明代政治腐败最惨重的两个方面。

其四，严格要求，"有过必挞"。唐甄主张如果太子不接受师教，不尊师傅，不敬不礼大臣，知而不行，不知农事农穷，不知物土人劳，受了教育而无实际行动，都应当"挞之"。实行严格教育是使太子成为治国之君的必要条件。在《得师》篇中他指出，太子身贵，但"心无贵贱"，"是故天子学同于士，惧而笃学，当百于士"。唐甄打破君权神授的天命论，从建立理想的国家政治目的出发，寄希望于储君的教养，在思想和理论上都有超越前人之处。

唐甄所言的"挞"，其意为用鞭棍等打，用现代人的话来说就是体罚。一方面，他把体罚作为教育皇太子的一种手段是不切实际的。在君主专制的封建社会，君王是至高无上的，是天子，具有龙威，他的话就是法律，神圣不可侵犯，而皇太子是储君，是未来的皇帝，怎么可能允许"挞之"呢？

另一方面，体罚的教育手段是不可取的。孩子在成长的过程中总会犯这样或那样的错误，而孩子也是在改正错误的过程中不断成长，要通过耐心说服教育的方法让孩子改正错误，不能采用体罚的方式。体罚只会让孩子在心灵上留下创伤，产生逆反心理。现在的孩子以独生子女居多，心理上本来就很脆弱，体罚只会适得其反，使对子女的教育事倍功半，不利于培养孩子健康的心理。

4. 加强吏治政教，纠正学校教育的功用

东林党人顾宪成认为，兴学校以教化天下是治乱之本，学校教育对上有正君、正官、正职的作用，对下则有"洽于乡里"使"民易使"的效果。所以，他们主张在野之士广结盟社，兴书院，创造一种重视和扩大学校教育的风气，以议政、监政和改变社会。唐甄在《尚治》篇中指出，这种观点虽是"善言"，但却不能实施，原因在于"讲学必树党，树党必争进退，使学者扳援奔趋而失其本心"。他认为，读书人以讲学来干预政治的想法和行动，在客观上是根本不能实现的，反倒会"议论害治"，"使人尚浮夸而丧其实"。因为国家政权操纵于皇帝一人之手，加之所御各级官吏极力维护君主独裁，所以知识分子的力量是微不足道的，学校教育的政治作用也是很有局限性的。

在《富民》篇中，唐甄指出，人民之所以贫穷，国家之所以不得治，不是教育无功，而是贪官之害不除。官吏之贪有甚于执刃的盗贼，"夫盗不尽人，寇不尽世，而民之毒于贪吏者，无所逃于天地之间"。在《考功》篇中，他指出："天下之官皆弃民之官，天下之事皆弃民之事，是举天下之父兄子弟尽推之于沟壑也，欲得治乎？"所以，治国富民的关键在于整顿吏治，除天下贪官，但关于吏治，唐甄并没有提出有效措施。他提倡通过教育使上自君主下至百官以民为本、以身作则、去贪养廉、论功举贤、足食以养民。

《潜书》所论的教育思想在很大程度上是从政治立场和观点出发，带有浓厚的政论性色彩。在上述观点中，唐甄提倡实学教育的内容与目的，指陈教育作用的局限性，以及在论述教育与政治的关系和批评宋明理学教育流弊等方面，确有朴素的民主主义政治倾向和开创实学教育风气的作用。虽然《潜书》有一些观点带有消极落后的反面影响，但是不可否认的是，《潜书》中很多进步的教育主张对于启发人们认识和批判中国传统教育是有帮助的，其历史价值不可忽视。

《传习录》中的教育思想

作者生平简介

王守仁（1472年—1529年），字伯安，明代余姚（今浙江绍兴）人。二十八岁登进士第，曾任刑部主事、兵部主事、吏部主事、南京鸿胪寺卿、都察院左佥都御史、都察院右副都御史、南京兵部尚书等官职，受封新建伯。在平定宁王朱宸濠叛乱中立过大功，是一位学术上卓有建树、事业上勋绩显赫的人物。他曾筑室故乡阳明洞，又创办过阳明书院，自号阳明子，世称"阳明先生"。他是明代儒家心学的代表人物，也是宋明理学的重要代表人物，其地位仅次于朱熹。在继承和发扬陆九渊哲学思想的基础上，开创了自家思想学派，后世将他们的思想合称为"陆王心学"。其学说和思想在明中叶以后影响深广久远，远播海外。

王阳明画像

王阳明从小接受儒家教育，闲暇时间也练习骑射兵事。弘治二年（*1489*年），归余姚途中，在广信（今江西上饶）拜见娄谅，听他讲授朱熹的"格物致知"论。三年后中举人，遍读朱熹遗书，潜心研究兵家秘书。弘治十二年（*1499*年）中进士，正值西北告急，于是便上疏关于"蓄材备急、舍短用长、简师省费、屯田足食、行法振威、敷恩激怒、捐小全大、严守乘弊"八事。弘治十四年（*1501*年），至安徽审查案件，在游九华山时，与道士谈仙论道。弘治十六年（*1503*年），初始于南昌创"致良知"学说，终完成"心学"体系。六月升南京兵部尚书，九月回到余姚，会七十四弟子于龙泉山中天阁，指示"良知"之说，十二月被封为特进光禄大夫、柱国、新建伯。弘治十八（*1505*年）年，在北京与湛若水结为好友，同倡"圣人之学"。嘉

王阳明，明代著名哲学家、教育家、军事家、文学家和书法家，著有《阳明全书》。他创立"心学"，提出了"致良知"学说，在世界哲学史占有重要地位。他的著作由门人辑成《王文成公全书》三十八卷。

靖六年（*1527*年）五月，受命平定广西思恩、田州之乱，第二年秋天平定。时逢肺病剧发，上疏告退。*1529*年，北归途中，在江西南安青龙浦舟中离世，享年五十八岁。葬绍兴兰亭洪溪。《明史》有评："终明之世，文臣用兵制胜，未有如守仁者也。"王阳明不但是一代文化大师，且善于领兵打仗、文治武功，勋业卓著，堪称一代名臣。

王阳明的教育思想

1. 思想起源

我国的悠久历史与灿烂文化使许多思想流派互存并生，其中的和谐共生思想与中国的历史和文化一样悠久灿烂，而王阳明的"中和

互生"教育思想的产生与发展正与这种渊源有密切的联系。

王阳明在地方从政和治军时，大办书院，广授门徒，在长期的教育实践中不断地丰富和发展了他的教育学说，提出了继"心即理""知行合一"说之后的"致良知之教"，并创立了阳明学派，其门徒遍天下，流传逾百年。

王阳明的教育思想内容丰富，观点标新立异，自成一派，其独立的体系开启了一代学术风气。从总体上说，他的教育思想是为了矫正"程朱理学"的偏颇，以"整治人心"来挽救明王朝的政治、道德、教育危机，因时因势阐发。他也认为，自己的学说和理想主张是拯救时政的，而"程朱理学"的教育哲学，"析心与理为二"，"外心以求理"，在思想上带有一种明显的唯心主义倾向，在教育实践上也只是"空口讲说"之章句支离的末学，因此他觉得"以学术杀天下"是造成明王朝士风衰败的重要原因，使得"功利之毒""沦浃于人之心髓"，从而导致政治、道德和教育的危机。针对"程朱理学"教育的偏颇流弊，他指出必须要重振孔孟之道，突出伦理本位，扭转空疏学风为实德实行的"实学"，重建新儒家教育学说，以维护封建道德的纲常名教和明王朝的封建统治秩序。

王阳明故居

王阳明故居位于余姚城区龙泉山北麓、阳明西路以北的武胜门西侧。王阳明就诞生于故居内的瑞云楼，并在此度过了童年和少年时代。

2. 王阳明思想的核心

第一，天人合一论。

这种思想源于我国一部古老的文化典籍——《周易》，其基本思想就是天道与人道的和谐统一。首先，自然规律是和谐协调的，如天地运转、日月并明、四时循环等都呈现有序状态；其次，人是自然系统的一个组成部分，所以人道应当服从"天道"；最后，人道也就必须和谐协调，遵从天道的规律。这是王阳明教育思想的核心内容和哲学基础，也是"知行合一"的理论基础。

王阳明故居全景图

在王阳明死后三十八年，即隆庆三年（1569 年）五月，有正义感的官员联名上疏，请为王阳明恤典。穆宗诏赠王阳明为"新建候"，谥"文成"，赐铁卷诰命。

所谓"心即理"，作为"知行合一"的理论基础，主要是讲人的心性即人的本质，是与伦理道德有关系的，认为人的本质是由先天的道德理性来体现和表达的，这种理性即是"心"。"心"的本体和作用只要顺其自然、只要发用流行，就是"天理"。外在的、客观的道德规范与行为等，都是"心"在作用和表现的结果。由此，他进一步提出了主观与客观、感性与理性、动机与效果、知识与德行、心理与伦理等道德实践的载体，即个人身上完全得到有机统一的"知行合一"说。

所谓"知"，强调的就是对道德理性和道德价值及其作用的认识，其中包涵了道德实践载体的道德意识、选择、判断及自我良知的觉醒。所以，王阳明所讲的这种"知"，有别于朱熹所讲的对儒家经典和对道德规范等外在知识的认知。也就是说，王阳明所指的"知"是一种超越经验、超越知识范围的、内心的体会和认同，而不是通常所说的、表面的感性认识，因此他称这种内心对德性的体会和认知为"真知"或"良知"。

而"知行合一"的"行"，不是指对知识技术的运用，也不是指生产实践和社会实践，而是指个人的道德实践和行为举止。他认为，道德的"真行"应当以对道德"真知"为起点，其中包括道德实践载体的从"一念而发"到由良知支配下的一切心理活动，以及由这种心理向外延伸的一切道德实践活动。王阳明和谐教育思想的一项理论基础即这种"天人合一"论，他将这种积极的意义和进步的思想运用到教育上，并结合自己的教育实践进行了整合与扩充。

第二，和合论。

"和合"是我国独创的一种哲学观念、文化观念。早在先秦时期，这个观念即已出现。《尚书·虞书·尧》中即提出了"和合"的理想模式："克明俊德，以亲九族。九族既睦，平章百姓。百姓昭明，协和万邦。"而且，儒家、道家、佛家都采用这一观念，以此来概括各自的思想宗旨。一般说来，"和"指异质因素的共处，"合"指异质因素的融会贯通。合起来看，"和合"论的基本精神，就是在处理事物内部或外部的关系时，必须保持和谐、协和。这种观念影响了王阳明对教育的思考，他由此进一步得出教育就是要使人获得全面的、和谐的发展。王阳明认为，对学习者来说，教育就要"开其知觉""调理其性情""发其志意"或"导之以礼"，即要使受教育者的知、情、意、行得到协调统一的发展。同时还要进一步以这种教育思路"动荡其血脉""固束其筋骸"，即使身心也要处于和谐发展之中，最终"人于中和而不知其故"。他指出，这种使人获得和谐发展的主张，乃是"先王立教之微意"，也就是我国自古以来兴教育人的根本目的。

王阳明教育思想的体现

王阳明教育思想的核心是"心即理""知行合一""致良知"。王阳明的这种和谐教育思想体现了非常独特的教育观，他的很多教育观点和方式都映现着这种思想。

1. 对儿童教育的影响

王阳明的和谐教育思想最显著的体现是在他对儿童教育的建议上。他认为封建传统教育约束、压抑儿童身心发展，他批评当时的儿童教育存在三大弊端：只注重死板的记忆，不重启发思维和想象力的培养；注重消极防范，不重积极诱导；采用体罚的教育方式，只能摧残儿童的身心。他认为，这样会使儿童"视学舍如图狱而不肯入，视师长如寇仇而不欲见"，会导致儿童身心向着僵化、单一的方向发展而不懂变通。他认为正确的童蒙教育应该从儿童"乐嬉游而惮拘检"的心理特点出发，通过"诱之歌诗""导之习礼""讽之读书"，培养儿童的道德情感，启发儿童的心智，增强儿童的身体发育，这样"必使其趋向鼓舞，中心喜悦"，以达到"自然日长日化"，这样才能使儿童德、智、体、美等各方面均衡、健康的发展。

王阳明从"快乐是人心之本"的观点出发，反对当时封建传统对待儿童"鞭挞绳缚，若待拘囚"，主张教育儿童首先要从积极方面入手，要顺应儿童性情，鼓舞儿童兴趣，培养其"乐学"的情绪。在教学方法上，要采取"诱""导""讽"的"栽培涵养之方"；在教学内容上，要发挥诗、书、礼等各门课多方面的教育作用；在教学安排上，要注意教学活动以多种形式搭配进行；在学习内容和次序的安排上，规定"每日工夫，先考德，次背书诵书，次习礼或作课仿，次复诵书讲书，次歌诗"（《传习录·卷下·右南大吉录》），这样动静搭配，从而使儿童"乐习不倦"。这样才能真正促使儿童的个性全面、均衡的发展。

2. 对师生关系的定位

王阳明极力提倡学生"师谏"。他反对传统的师道威严，尤其反对限制和束缚学生个性发展的教育模式，主张师生之间应以平等的朋友之谊相待，倡导学生对教师直言相谏，批评教师知识范围的失误，这样能够使师生双方都能得到提高，他指出："凡攻我之失者，皆我师也，安可以不乐受而心感之乎？某于遭未有所得，其学卤莽耳。谬为诸者相从于此，每终夜以思，恶且未免，况于过乎？人谓'事师无犯无隐'而遂谓师无可谏，非也；谏师之道，直不至于犯，而婉不至于隐耳。使吾而是也，因得以明其是；吾而非也，因得以去其非。盖教学相也。"（《教条示龙场诸生》）除此之外，他还提倡建立和谐的师生关系。王阳明经常与众弟子欢聚宴会，席问师生谈笑风生，无拘无束，一起表演节目，或演奏乐器，或舞蹈歌唱，或即席赋诗，体现了亲密无间、欢乐融洽的氛围。

从王阳明对待学生的态度上可以看出，他将师生关系定位在一种平等、民主的位置上。他认为教育的目的是要真正促进学生个性全面、自由的发展，因此平等、民主、和谐的师生关系的建立是必不可少的前提。并且，他还真正做到了身体力行，通过自己平时的言传身教来深深地感染和教育学生。师生之间亲密无间、融洽和谐的关系，使学生能无拘无束、自由尽兴地展现自己，达到个性自由舒展的教育目的。他提出，师权的绝对权威是教育的一个败笔，师生之间要民主、平等，才能促进学生自由、全面、和谐的发展。在这一点上，王阳明打破了当时封建传统教育思想的束缚，是非常大胆和有独创意识的教育思路，对今天的教

王阳明像

王阳明把自身十多年的讲学经验和"致良知"的哲学观点结合，形成了较为完整与独特的教育思想体系。特别是在儿童的蒙学教育方面，根据儿童年龄特点，针对当时儿童蒙学教育的弊病，提出了许多独到的见解和适合儿童身心发展的教育主张。

育改革有着非常深刻的影响和启发意义。

《传习录》的结构

《传习录》分上、中、下三卷，卷上是王阳明讲学的语录，卷中主要是王阳明写的七封信，卷下是部分语录。全书由他的弟子徐爱、薛侃和钱德洪等编辑而成。该书表述了"阳明心学"的主要论点。《传习录》提出了"心外无物""心外无理"的命题，比如，深山中的花，"你未看到此花时，此花与汝同归于寂；你来看此花时，则花颜色一时明白起来，便知此花

王阳明讲学遗址

不在你的心外"，由此强调客体存在价值在于认识主体的依赖作用。他主张从静处体验，在事上磨练。在卷中最有影响的是《答顾东桥书》（又名《答人论学书》）和卷下《右南大吉录》中的《训蒙大意示教读刘伯颂等》，继承了孟子的"良知"说，提出"致良知"的理论。着重阐述了"知行合一"和"致良知"理论，良知既是先天的道德天理，也是七情的自然流行，"致良知"便是推致实行良知，做到知行合一。

《传习录》的教育思想

1. 从"心"出发的教育哲学

心学思想既是王阳明教育活动的指导，也是贯穿其教育思想的主线。

王阳明强调"心外无物""心外无理""心外无学"，突出道德的主观性，指出"明德"即"天理"，是"根于天命之性，而自然灵照不昧者也"。也就是说，道德是人心良知

《传习录》手迹

王阳明善诗文，工书法，流传作品有《七言绝句》《七言律诗》等。《七言绝句》、行草作品，潇洒秀逸，流畅圆转，用笔劲健老辣。《七律寿诗》为天香楼王氏家藏，其书法挥洒自如，爽直风健。

的实质内容，仁义礼智不过是"表德"，是人心良知见诸于外、在道德实践的作用表现。《传习录》在充分肯定道德的主观性的同时，把有关道德心理因素，如志向、动机、情感、意志及道德主体的性格等，都说成是既源于心又影响心之良知的东西，或者说成是"心之本体"的"用"。进行道德教育和道德修养要将"知行合一""心即理"作为前提来考虑其逻辑起点。《传习录》中写，"心之发动处谓之意，指意之灵明处谓之知"，"心之所发便是意，意之本体便是知，意之所在便是物"，"七情顺其自然之流行，皆是良知之目，不可分别善恶；但不可有所着。七情有着，俱谓之欲"。心作为道德心理诸因素的主宰，主要是通过"心之体"的"用"来体现的，道德教育重在"良知之用"上"正心诚意"。《传习录》在"诚意"上着重阐述它作为德育过程起点的重要性，认为"一念之发"处正是"诚意"的基础，也正是"致良知"的切紧处。

2.《传习录》对知识教学的系统阐述

"知行合一"在教学中的实施是从阐述教学的本质、教学过程中的诸关系及教学的原则与要求开始的。为了贯彻"知行合一"的道德教育思想，他还提出了一些具体的道德教育方法。

（1）静处体悟

所谓"静处体悟"，实际上是静坐澄心，反观内省，摒去一切私虑杂念，体认本心，这是董仲舒"内视反听"与陆九渊"自存本心"思想的继承与发展，也是受佛教禅宗的面壁静坐、"明心见性"思想的影响。如他所说："前在寺中所云静坐事，非欲坐禅入定。盖因吾辈平日为事物纷挈，未知为己，欲以此补小学收放心一段工夫耳。"（《与辰中诸生》）

（2）事上磨炼

王阳明认为，如果一味追求静坐澄心，容易使人"喜静厌动，流入枯槁之病"，或者使人变成"沉空守寂"的"痴呆汉"，"才遇些子事来，即便牵滞纷扰，不复能经纶宰制"。因此，他又提出"事上磨炼"。他说："人须在事上磨炼做功夫，乃有益。若只好静，遇事便乱，终无长进。那静时功夫，亦差似收敛，而实放溺也。"（《王守仁全集》）

他这里说的"在事上磨炼",亦即"就学者本心、日用事为间,体究践履,实地用功",是指通过"声色货利"这些日常事务,去体认"良知"。他反对离开事物去谈"致良知",认为在口头上谈"致良知"是无意义的,"离了事物为学却是着空"。他主张道德培养要同日常生活紧密相联,在事上磨炼,才能落实"知行合一"。

（3）省察克治

王阳明还继承与发展了儒家传统的"内省""自讼"的修养方法,提出"省察克治"。他说:"省察克治之功,则无时而可间。如去盗贼,须有个扫除廓清之意。无事时,将好色好货好名等私,逐一追究搜寻出来。定要拔去病根,永不复起,方始为快。常如猫之捕鼠,一眼看着,一耳听着,才有一念萌动,即与克去,斩钉截铁,不可姑容与他方便,不可窝藏,不可放他出路,方是真实用功,方能扫除廓清。"（《传

习录·卷上·门人陆澄录》）他还说:"克己须要扫除廓清,一毫不存方是,有一毫在,则众恶相引而来。"（《传习录·卷上·门人陆澄录》）他这时进一步发展了传统的"克己内省"思想,强调了"拔去病根"要斩钉截铁,久"扫除廓清"一毫不存。在他看来,如果在修养过程中,若不能用他所说的"天理"战胜"人欲",即使剩下一丝一毫,那么其结果必将是前功尽弃,"众恶相引而来"。我们可以从王阳明的唯心主义的道德教育思想中看出他深刻地认识到两种道德观斗争的重要意义,这对我们今天仍有启发。

（4）明心笃行

《传习录》论述了唐虞三代和孔子的教学旨在"明心""尽心""惟以成德为务"。"故君子之学,唯求其心。虽至于位育天地万物,未有出于吾心之外也……故博学者,学此者也;审问者,问此者也;慎思者,思此者也;明辨者,辨此者也;笃行者,行此者也。心外无事,心外无理,故心外无学。"以为自孔孟之后,教学失其根本,离却知行合一之功,"广记博诵古人之言词,以为好古,而汲汲然惟以求功名利达之具于外者也。"《传习录》中,有大量的文字批评宋儒"牵制文义",没于浅见,尚功利,崇邪说,竞诡辩,传记诵,侈淫辞,追求科举功名,"士皆驰骛于记诵词章,而功利得丧分惑其心,于是师

之所教，弟子之所学，遂不复知有明伦之意矣。"批评朱熹毕生"汲汲于训解"，使人"玩物丧志"，学者唯知"读书穷理"，而不知"致吾心之良知"，使天理落实于事事物物，以为这种"外人伦，遗事物"的单纯知识教学，没有抓住教学的本质，背离"知行合一"的根本原则，认为教学的本质要使人明人伦，并且是教人在"知行合一"的过程中获得"真知"。

3.《传习录》对智与德修行的阐述

《传习录》在论述教学过程中的问题时，其主要观点包括道德与知识、教学与个人的成长发展、教学与心理成熟、知与行的关系四个方面。

（1）关于德、智关系

就道德与知识的关系看，《传习录》肯定良知是人类最有价值和最赋有本质意义的知识，它是一切知识经验的本源，所以培养德性是获取知识和运用知识的基础。其语录讲："人只要成就自家心体，则用在其中。如养得心体果有未发之中，自然有发而中节之和，自然无施不可。苟无是心，虽预先讲得，世人许多名物度数，与己原不相干，只是装缀临时，自行不去。亦不是将名物度数全然不理。只要'知所先后，则近道'"批评后世因不知作圣之本是纯乎天理，只是一味地钻研圣人的知识才能，结果失去了为学之道，丧失了以德为本的教学原则。《传习录》上曰："后世不知作圣之本是纯乎天理，却专去知识才能上求圣人，以为圣人无所不知，无所不能，我须是将圣人许多知识才能，逐一理会始得。故不务去天理上看工夫，徒弊精竭力。从册子上钻研，名物上考索，形迹上比拟，知识愈广而人欲愈滋，才力愈多而天理愈蔽。"

《传习录》一贯主张的是以德御智，因为"良知"是一切知识生成的基础或本源。只有培养人的道德理性，使每个人在现实生活中掌握识别是非诚伪的能力，就能运用"千经万典"，成为知识的主人。在客观生活中，每个道德实践者都不可能按照书本教条去应付千变万化的具体问题，即使书本教条再全面细致，也难与现实生活的事物与人的实际行为对号入座，应付难以预料的事情。而且即使有了丰富的知识才能，也存在如何运用和为何运用的问题。道德对于知识才能的统摄与驾驭作用，决定了德育的重要地位。因此，教学过程中要突出德育，或把教学过程变成实现德育目标的过程，使"知行合一并进"。

（2）关于教学与人的发展

《传习录·答欧阳崇一》讲："良知不由见闻而有，而见闻莫非良知之用。故良知不滞于见闻，而亦不离于见闻。"教学应发展良知，而发展良知就是对人性的发展。王阳明在人的价值方面继承了儒家的传统，认为道德是人性的根本体现，人的价值之实现主要是道德人格的完善，所以他认为人的发展主要是"良知"的发展。《传习录》广泛论述了知识教学与发展良知的问题，以为"良知"的发展是随着人的年龄和身心发展而有阶段的，但是良知的发展水平并非完全由生理条件决定，同一年龄的人即使身心发育相同，也存在个性差异。因此，教学与人的发展，既要与人的良知发展阶段性相联系，即"为学须有本原，须从本原上用力，渐渐盈科而进"，同时又要注意因材施教。《传习录》卷下："我辈致良知，只是各随分限所及，今日良知见在如此，只随今日所知扩充到底，明日良知又有开悟，便从明日所知扩充到底，如此方是精一功夫。"由此可见，《传习录》把人的道德主体性和道德理性的发展作为人的本质发展，而不在于知识技能的提高，也因此表现出唯德至上的教育价值取向。

王阳明手迹

（3）关于教学与心理的关系

教学与心理的关系在《传习录》及《阳明全书》中论述得十分丰富。《大学问》讲："'致知'云者，非若后儒所谓充扩其知识之谓也，致吾心之良知焉耳。"根据王阳明的"知行合一"说，教学是一种道德目的与方法的统一过程，教学对心理的发展主要是使道德心理如何健康化，以及心理如何在教学过程中得到健康发展的问题。道德心理因

图为王阳明的《若耶溪送友诗稿》手迹。王阳明不仅创立了阳明心学，在诗词歌赋方面也有极深的造诣。《若耶溪送友诗稿》书于弘治十五年（1502年），纸本，现藏于日本大阪博文堂。

素，如知、情、意，以及喜、恶、怒、惧、忧等，在《传习录》中曾反复论及，以为要使心理伦理化，就必须从"知行合一"和"体用一源"的基本出发点着手，把每一心理活动都看作"行"，同时也看作"知"，既把它们看作良知的"用"，又看作是良知"本体"的属性所在。在处理教学与心理发展关系上，主张从"一念之动"就着紧用力，做"格物致知"的功夫。所谓"致知"，不是广求知识，而是内心体认良知的"本体"；所谓"格物"，就是使心理因素伦理化。"致知必在于格物。物者，事也。凡意之所发必有其事，意之所在之事谓之物。格者，正也，正其不正以归于正之谓也。正其不正者，去恶之谓也；归于正者，为善之谓也。"（《大学问》）《传习录》所讲的教学心理问题主要是道德教学与心理伦理化的问题，要求不仅使致良知之教的个体内心完成"知行合一"，即使"心即理"，同时还要使伦理化的心理向外无限延伸和扩展，一直扩展到现实生活的道德实践领域，从而使道德实践在正确的认识、判断、选择下，在毫无外力作用下，自由自在地去追求并实现"圣人"境界。这些思想，后来被王阳明概括为"明体达用"。

（4）关于知与行的关系

阳明祠

阳明祠，位于贵州省贵阳市东扶风山麓，始建于清嘉庆十九年（1814年），此祠是为纪念明代哲学家、教育家王守仁而建。

王阳明所主张的"知行合一"，不同于朱熹所讲的"知行常相须""知行并进"。因为朱熹的"知"，更多的是对书本知识的认识，其"行"亦多指知识的应用与道德的实践。而王阳明所讲的"知行"不仅扣住了道德问题，而且突出了主观实践道德问题，所以称其学说为"心学"。在理论上，《传习录》论教学中的知行关系，是着意针对朱熹的知行分离观点所造成的知识学习与道德实践相脱节的流弊而阐发的。《传习录》上讲："将知行分作两件去做，以为必先知了，然后能行。我如今且去讲习讨论，做知的工夫，待知得真了，方去做行的工夫，故遂终身不行，亦遂终身不知。此不是小病痛，其来已非一日矣。某今说个知行合一，正是对病的药，其束已非一日矣。"《答顾东桥书》中指出："尽天下之学，无有不行而可以言学者。则学之始，固已即是行矣。"学、问、思、辨，在朱熹看来都是"知"的范畴，"知"是为"行"做准备的。而王阳明认为这种"知先行后"的观点是把知识学习作为道德教育的充分必要条件，但客观上知识学习也可能与德育发生关系，也可能恰恰导致学者的反道德行为。"知"与"行"不统一，在道德目的中不把知识教学过程作为道德之"行"的"致良知"，"知""行"就成了两件事。故指出以学问思辨以穷天下之理而不及笃行，是专以学问思辨为知，而使穷理为无行。"知不行之不可以为学，则知不行之不可以为穷理矣。知不行之不可以为穷理，则知行合一并进，而不可以分为两节事矣。"（《传习录·卷中·答顾东桥书》）

王阳明画像

王阳明是一位以弘扬"圣学"为己任的教育家。在弘治十八年（1505年），王阳明三十四岁时开始授徒讲学，至病逝为止，他先后讲学二十三年。王阳明讲学以"心即理""知行合一"和"致良知"学说为主要内容。通过讲学，传授了他的心学思想。

4.《传习录》的儿童教育原则

《传习录》对儿童教育的性质、目的、原则及方法的论述，历来受到教育家的重视。根据社会需要，以加强儿童教育，使教育从儿童阶段开始就得到重视，才是"移风易俗""治国化民"的根本措施。传统的儿童教育，以古训教之以人伦，或以记诵词章之习起。而现代的儿童教育应该以孝悌、忠信、礼义、廉耻为教习内容。教育方法要以"涵养之方，则宜诱之以歌诗以发其志意，导之习礼，以肃其威仪，讽之读书，以开其知觉。"儿童教育的性质与目的是联系在一起的，旨在陶冶志意、养成德性、发展智力，以培养封建社会所需要的合格的社会成员。

在儿童教学原则上，要依照儿童的个性施教，同时要求注意量力而行，不要给儿童过重的学习负担。"凡授书不在徒多，但贵精熟，量其资禀，能二百字者，止可授以一百字，常使精神力量有余，则无厌苦之患，而有自得之美。讽诵之际，务令专心一志，口诵心惟，字字句句绅绎反复，抑扬其音节，宽虚其心意，久则义礼浃洽，聪明日开矣。"（《传习录·卷下·右南大吉录》）这样的思想主张，在当时是十分先进的，对纠正儿童教育与教学的错误方式和方法，以及不良风气，产生了重大影响。

《传习录》作为中国古代教育名著，是当之无愧的。即使在今天，它仍然是教育史和教育思想方面的重要研究对象和研究课题之一。

《孝经》中的教育思想

《孝经》的作者

据传，中国古代儒家的伦理学著作《孝经》是出自孔子故居墙壁藏书。而孔壁藏书相传为孔子裔孙孔鲋于秦末时所藏，汉武帝时鲁恭王扩建宫舍，推倒孔子故居墙壁时才被发现。所以，有人认为《孝经》

是孔子所作。但南宋时有人怀疑是后人附会。清代纪昀在《四库全书总目》中指出，该书是孔子"七十子之徒之遗言"，成书于秦汉之际。所以，《孝经》的作者历来是众说纷纭，颇有争议。按年代先后有以下不同的说法。

1. "孔子说"

汉代学者班固的《汉书·艺文志》和刘歆的《七略》中都有这样的记载，"《孝经》者，孔子为曾子陈孝道也。"在这之后，郑玄的《六艺论》，东汉纬书的《孝经纬钩命诀》等都坚持这种说法。《援神契》甚至肯定地说："孔子制作《孝经》，使七十二子向北辰磬折。"但根据对古代礼节的考证，这种说法一定是错误的。《孝经》中曾参被称为曾子，而"子"在古代是对有学问的男人的尊称，一般用来称呼自己的老师，如果作者是孔子，他称曾参为曾子就是不合礼节的，孔子不可能称自己的学生曾参为曾子。《孝经》里的思想明显融汇了《左传》《孟子》《荀子》中关于孝义的观点，同时《孝经》与《论语》中论孝的观点又不相融合，甚至有相矛盾的地方。所以，此说基本被否定。

孔子

孔子（公元前551年—公元前479年），名丘，字仲尼，春秋末期鲁国陬邑人。他是我国古代著名的思想家、教育家，儒家学派创始人。相传有弟子三千，贤弟子七十二人。孔子一生修《诗》《书》、定《礼》《乐》、序《周易》、作《春秋》，其思想及学说对后世产生了极其深远的影响。

2. "曾子说"

《史记·仲尼弟子列传》中记载："曾参，南武城人，字子舆。少孔子四十六岁。孔子以为能通孝道，故授之业，作《孝经》。"这种说法在汉代是成立的，到两晋时期开始有人怀疑观点的正确性。陶潜在《五孝传》中说："至德要道，莫不于孝，是以曾参受而书之。游、夏之徒，常谘禀焉。"这种说法有很多漏洞，如果曾参作《孝经》，则不可能自称为"曾子"。在《礼记》和《大戴礼记》中记载的曾参论孝的观点与《孝经》中的观点也多有矛盾和抵触。比如，《孝经》主张"父有争子",认为子盲目遵从父之不义之令未必是孝；而《大戴礼记·曾子事父母上》则说："父母之行，中道则从。若不中道，则谏。谏而不用，行之如由己。从而不谏，非孝也；谏而不从，亦非孝也。孝子之谏，达善而不争辩。争辩者，乱之所由兴也。"还有，《孝经》中也有《荀子》和《孟子》的思想痕迹，孟子和荀子生活的年代均在曾参之后，这在时间上是说不通的。

3."曾子门人说"

《困学纪闻·卷七·公羊传》中说："《孝经》非曾子所自为也，曾子问孝于仲尼，退而与门弟子言之，门弟子类而成书。"后又引晁公武说："今首章云'仲尼居'则非孔子所著矣，当是曾子弟子所为书。"朱熹在《孝经刊误》中也说："《孝经》，夫子、曾子问答之言，而曾子门人记之。"这种说法是比较符合实际的，"曾子门人"可以说是一传弟子，也可以说是再传弟子。这样，时间也可以延至战国后期。但是这种说法至今还没有可以佐证的有力之辞。

据著名语言学家杨伯峻考证，《孝经》的成书年代大致在《吕氏春秋》之前，而又在《孟子》《荀子》二书流行之后。杨伯峻认为，孟轲约死于公元前285年，荀况约生于公元前313年，与秦始皇即位相隔不久，又在吕不韦集门客著书前，《吕氏春秋》著书开始于公元前240年，成于公元前239年，仅历二年而成，此时《孝经》自亦在取材之中。《孝经》之作，当在公元前3世纪期间。《吕氏春秋》中的《孝行》《察微》二篇均引用过《孝经》里的句子。因此，《四库全书总目》说："蔡邕《明堂》引魏文侯《孝经传》，

朱彝尊作品

朱彝尊（1629年—1709年），中国清代词人，学者。字锡鬯，晚号小长芦钓鱼师，又号金风亭长。康熙十八年（1679年）举博学鸿词科，以布衣授翰林院检讨，入直南书房，曾参加纂修《明史》。

《吕览·察微篇》亦引《孝经·诸侯章》，则其来古矣。"儒家经典如五经之《易》《尚书》《春秋》等，在先秦均不称"经"，只有《孝经》在书名内有"经"字。因此，《孝经》是儒典中称"经"最早的一部。学者胡平生则依据《儒家者言》《公羊昭公十九年传》《礼记·祭义》《礼记·檀弓》《吕氏春秋·孝行览》等史料的记载，初步推断为乐正子春的弟子所处的时代当与孟子相合。根据乐正子春与《孝经》的关系，其师承与《孝经》所记孔子、曾子的言论吻合，所处时代与《孝经》所反映的时代特征也相吻合。据此，《孝经》应该是战国晚期乐正子春的弟子或再传弟子所记录、阐述师说的著作。这种说法大体上是可信的。

《孝经》的教育思想

《孝经》在中国教育思想史上是不容忽视的，尤其在西汉时期，统治者推崇"以孝治天下"，《孝经》也成为人们修身养性的官定"教材"。

1. 核心儒学

《孝经》是中国古代儒家的伦理学著作。这部著作以孝为中心，比较集中地阐发了儒家的伦理思想。它肯定"孝"是上天所定的规范，"夫孝，天之经也，地之义也，民之行也。"书中指出，孝是诸德之本，"人之行，莫大于孝"，国君可以用孝治理国家，臣民能够用孝立身理家，保持爵禄。孝是诸德之本，"人之行，莫大于孝"。

《孝经》在中国伦理思想中，首次将孝亲与忠君联系起来，认为"忠"是"孝"

曾子

曾子（公元前505年—公元前436年），姓曾，名参，字子舆。十六岁拜孔子为师，他勤奋好学，颇得孔子真传，积极推行儒家主张，传播儒家思想。孔子的孙子子思师从曾子，子思又传授给孟子。因此，曾参是孔子学说的主要继承人和传播者，在儒家文化中居有承上启下的重要地位。与孔子、孟子、颜子、子思共称为五大圣人。

的发展和扩大，并把"孝"的社会作用绝对化、神秘化，认为"孝悌之至"就能够"通于神明，光于四海，无所不通"。《孝经》还把封建道德规范与封建刑罚联系起来，认为"五刑之属三千，而罪莫大于不孝"，并提出要借用国家法律的权威，维护封建的宗法等级关系和道德秩序。

《孝经》对实行"孝"的要求和方法也做了系统而烦琐的规定。它主张把"孝"贯穿于人的一切行为之中，"身体发肤，受之父母，不敢毁伤"，是孝之始；"立身行道，扬名于后世，以显父母"，是孝之终。它把维护宗法等级关系与为封建专制君主服务联系起来，主张"孝"要"始于事亲，中于事君，终于立身"，并按照父亲的生老病死等生命过程，提出"孝"的具体要求："居则致其敬，养则致其乐，病则致其忧，丧则致其哀，祭则致其严"。

2. 孝的作用与范畴

《孝经》把封建道德规范与封建刑罚联系起来，认为"五刑之属三千，而罪莫大于不孝"，提出要借用国家法律的权威，维护封建的宗法等级关系和道德秩序。《孝经》论述的是封建孝道和孝治思想，讲的是"孝"，是"广敬博爱"，体现的是中华民族优良的道德准则。

《孝经》全书更多的是将"孝"这一伦理范畴同政治紧密联系，甚至有时还将"孝"同政治等同起来，表现出了伦理政治一体化的倾向。正是由于《孝经》的这一倾向，使之具有了维护社会、化民成俗的政治功能，而非单纯的伦理道德功能。因此，《孝经》受到了历代统治者的重视。在中国教育史上，《孝经》具有其他典籍所未能取代的特殊地位。它既是最重要的经典文献，同

《孝经注疏》序

时也是最普及的社会通俗读物和蒙学教材，既被看作是人伦百行的纲纪，又被当作科举进身的阶梯，其影响较为深远。

《孝经》的章节结构

唐代以后，《孝经》在漫长的封建社会中长期被看作"孔子述作，垂范将来"的经典，对传播和维护封建纲常发挥了很大作用。

《孝经》主要有今文《孝经》和古文《孝经》两种版本。古文《孝经》在秦始皇焚书时，与其他儒典同遭厄运。今文《孝经》据传出自汉初，为河间人颜芝原所藏，因为是用通行的隶书字体书写，所以称为今文《孝经》。现在流行的版本是唐玄宗李隆基注，宋代邢昺疏。《汉书·艺文志》

《孝经》书法

中记载："《孝经》一篇，十八章"，郑玄为之作注。全书以孔子与曾子之间的问答方式阐发孝治思想。第一章为开宗明义章，是全文的主旨。"夫孝，德之本也，孝之所由生也。""身体发肤，受之父母，不敢毁伤，孝之始也。立身行道，扬名于后世，以显父母，孝之终也。夫孝，始于事亲，中于事君，终于立身。"第二章至第六章分别为天子章、诸侯章、卿大夫章、士章和庶人章，从社会人群的角度，分别规定了不同等级身份的人应该遵

孝经鼎

守的孝道标准。第七章为三才章，从天理、人性和社会的角度论述了孝的地位和作用，"夫孝，天之经也，地之义也，民之行也。天地之经，而民是则之；则天之明，因地之利，以顺天下，是以其教不肃而成，其政不严而治。"第八章为孝治章，以君王为陈述对象来讲如何以孝治天下。第九章为圣治章，讲述了圣人应该如何用孝道教化百姓。第十章为纪孝行章，讲述了孝子应如何孝敬父母。第十一章为五刑章，阐述了不孝为诸罪之首的观点。第十二章为广要道章，讲述了"孝"为什么重要。第十三章为广至德章，讲述了"孝"为什么是最高的德行。第十四章为广扬名章，讲述了孝道与扬名后世的关系。第十五章为谏

诤章，讲述了父母有过错的时候，孝子应该怎么办的问题。第十六章为感应章，讲述了孝道与神明的关系，孝道达到极点就可以感应神明。第十七章为事君章，讲述了孝子与事君的关系，孝子事上，"进思尽忠，退思补过"。第十八章为丧亲章，讲述了父母去世的时候孝子应该怎么办的问题。

《孝经》的书题主旨

近代曾有人为《孝经》编制了一个"系统图"，比较简明地反映了《孝经》中的思想结构。比如，在《开宗明义章第一》中指出《孝经》的教育思想依据，"夫孝，德之本也，教之所由生也"，将"孝"作为对人的道德教化的根据。《孝经》指出："天地之性，人为贵。人之行，莫大于孝，孝莫大于严父，严父莫大于配天，则周公其人也。……夫圣人之德，又何以加于孝乎？故亲生之膝下，以养父母日严，圣人因严以教敬，因亲以教爱，圣人之教，不肃而成，其政不严而治，其所因者本也。父子之道，天性也，君臣之义也。"所谓"本"，即是指的"德行之本"，也就是指出"孝"为人之天性，为人性之本，行乎于内，父子之道也，行乎于外，君臣之义也。这种由"小我"之家向"大我"之国的"孝"道转换具有非常重要的行为典范作用。"君子之事亲孝，故忠可移于君。事兄悌，故顺可移于长。居家理，故治可移于官。是以行成于内，而名立于后世矣。""君子之教以孝也，非家至而日见之也。教以孝，所以敬天下之为人父者也。教以悌，所以敬天下之为人兄者也。教以臣，所以敬天下之为人君者也。"孝之于母，爱也；孝之于父，敬也。"敬"也是明君垂治天下的一贯要道："教民亲爱，莫善于孝。教民礼顺，莫善于悌。移风易俗，莫善于乐。安上治民，莫善于礼。礼者，敬而已矣。故敬其父，则子悦；敬其兄，则弟悦；敬其君，则臣悦；敬一人，则千万人悦。所敬者寡，而悦者众，此之谓要道也。"倡导孝道，使其周流天下，自然能"民用和睦，上下无怨"，"天下和平，灾害不生，祸乱不作。"

在漫长的封建社会里，由于统治者的利用，《孝经》中许多具有进步意义和价值的内涵都被冲淡、曲解或被掩盖，因此有必要对其加以重新认识。"孝"是自然规律的体现，是人类行为的准则，是国家政治的根本。这是《孝经》的基本观点，也是全篇的基石。对于生活在家庭中的人来说，孝主要体现在事亲上，即对父母的奉养。那么怎样奉养才算孝呢？"居则致其敬，养则致其乐，病则致其忧，丧则致其哀，祭则致其严。五者备矣，然后能事亲。"（《孝经·纪孝行》）"生事爱敬，死事哀戚。"（《孝经·丧亲》）也就是要以爱敬之心奉养健在的父母，要以哀戚诚敬之心祭奉亡故的父母。子有爱敬之心，则父母乐；子有哀戚诚敬之心，则在天之灵安，这就是孝。

除了直接奉养父母以表爱敬之心，作为个人，事亲者应具有怎样的修养和品行呢？首先，要保护好自己的身体，这是父母所给，不能损伤，即所谓"身体发肤，受之父母，不敢毁伤，孝之始也"（《孝经·开宗明义》）。其次，要立身行道，树立自己的德行，以求扬名天下后世、光耀父母来体现孝的深旨，是"孝之终也"。再次，对待外人，也要尊重，不能得罪，即"爱亲者，不敢恶于人；敬亲者，不敢慢于人。"（《孝经·天子》）最后，要做到"居上不骄，为下不乱，在丑不争。"（《孝经·纪孝行》）唯有这样才可以明哲保身，避免祸患。《孝经》告诫人们要珍惜生命，协调好自身与周围环境的关系。这也是对当时社会动荡、战乱频繁现实的一种含蓄反映。

有孝就有不孝。《孝经》倡导的"孝"在一定意义上是针对不孝而言的。《孝经》所说的不孝主要包括：子对父只重视物质供养，而不重视亲情上的安慰，臣对君犯上作乱，骄横妄为，最终自身罹祸，即"居上而骄则亡，为下而乱则刑，在丑而争则兵。三者不除，虽日用三牲之养，犹为不孝也。"（《孝经·纪孝行》）

《孝经》用辩证的观点，对孝的内涵做了更全面的阐发，使人对孝的理解更加深刻。人不仅是家庭之中的一部分，而且也是社会中的个体，社会中的孝如何体现呢？《孝经》针对不同地位、身份的人分别进行了论述。

1. 天子之孝

要对自己的亲人恪尽孝道，还要推而广之，以此教育人民，规范天下。正如《孝经·天子》所说："爱亲者，不敢恶于人；敬亲者，不敢慢于人。爱敬尽于事亲，而德教加于百姓，刑于四海，盖天子之孝也。"

2. 诸侯之孝

《孝经》说："在上不骄，高而不危；制节谨度，满而不溢。高而不危，所以长守贵也；满而不溢，所以长守富也。富贵不离其身，然后能保其社稷，而和其民人。盖诸侯之孝也。"（《孝经·诸侯》）辅佐君王，保住社稷和人民才是诸侯之孝。

3. 卿大夫之孝

作为辅佐国君的卿大夫，孝的真谛完全体现在言和行上，言行俱遵行正道，"非先王之法言不敢道，非先王之德行不敢行"（《孝经·卿大夫》），这样才可以保住宗庙。

4. 士之孝

《孝经·士》里说"忠顺不失，以事其上"，要忠诚依顺，一心效主。《孝经》说："资于事父以事母，而爱同；资于事父以事君，而敬同。故母取其爱，而君取其敬，兼之者父也。故以孝事君则忠，以敬事长则顺，忠顺不失，以事其上，然后能保其禄位，而守其祭祀。盖士之孝也。"

5. 庶人之孝

要做到"用天之道，分地之利，谨身节用，以养父母"（《孝经·庶人》），也就是说，按照春生冬藏的规律进行劳作，是庶人之孝。

这里，对"孝"的含义和内容的表达已经扩大到社会生活中，而非狭义的仅限于对父母之孝。这种用"孝"对社会生活进行规范，用孝来解释和衡量的一切行为是一种服务于封建统治的政治手段。用孝来规范社会、规范政治生活、协调上下关系，以孝治国，是《孝经》所极力倡导的。这从一定意义上说是"仁政"思想的变通。

贺知章草书《孝经》

　　通观《孝经》，谈治国之处甚多。尤其突出天子要以孝治国的观点，除《孝经·天子》外，篇中多举先王、明王、圣人之例来加以佐证。例如，"先王有至德要道，以顺天下，民用和睦，上下无怨。"（《孝经·开宗明义》）所谓"至德要道"就是孝。"昔者明王之以孝治天下也……故生则亲安之，祭则鬼享之，是以天下和平，灾害不生，祸乱不作。"（《孝经·孝治》）以孝治国的作用之大，于此可见一斑。"圣人因严以教敬，因亲以教爱。圣人之教，不肃而成，其政不严而治，其所因者本也。"（《孝经·圣治》）这里的"本"，也仍然指孝。孝既然对治国有如此重要的作用，天子自当推而广之，"以德教加于百姓，刑于四海"，以身作则，遵行孝道，这是天经地义的，也因此可以"通于神明，光于四海"（《孝经·感应》）。强调天子以孝治国，是对"教之所由生也"这一观点的具体阐述。后世对《孝经》中以孝治国和天子要遵行孝道的观点往往不予重视和突出强调，实际上是忽略了《孝经》的精髓和价值。

　　尊老爱幼、孝敬父母是中华民族几千年来的优良传统，"百善孝为先""人之行莫大于孝"这几句谚语就说明了华夏儿女对孝道的重视。《孝经》中的："夫孝，天之经也，地之义也，民之行也""夫孝，德之本也，教之所由生也""人之行，莫大于孝""教民亲爱，莫善于孝"等内容也体现了对孝的重视。《孝经》中说："身体发肤，受之父母，不敢毁伤，孝之始也。立身行道，扬名于后世，以显父母，孝之终也。""弟子入则孝，出则悌，谨而信，泛爱众，而亲仁。"说明每个人首先爱的是自己的父母——孝，然后爱自己的兄长——悌，推而广之即为"泛爱众，而亲仁"。由家庭伦理上升到社会伦理，由道德范畴扩大到政治范畴，所以孝能治国，移孝以作忠，进而为民族尽大孝，因此也便有了"求忠臣于孝门"。

　　为了进一步论证孝道之神圣性、合理性和至高无上性，《孝经》又从天人关系上寻找理论根据，"夫孝，天之经也，地之义也，民之行也。天地之经，而民是则之。则天之明，因地之利，以顺天下，是以其教不肃而成，其政不严而治"，"昔者明王事父孝，故事天明；事母孝，故事地察；长幼顺，故上下治。天地明察，神明彰矣。故虽天子，必有尊也，言有父也；必有先也，言有兄也。宗庙致敬，不忘亲也。修身慎行，恐辱先也。宗庙致敬，鬼神著矣。孝悌之至，通于神明，光于四海，无所不通。"这样，孝道就不仅有了人道的现实合理性，而且有了天道的神圣性和合理性。

对古代教育的影响

1.《孝经》在汉代的突出地位

汉代推崇"以孝治天下"的治政思想，因此《孝经》的价值在汉代被"炒作"得很火。汉朝历代皇帝均重视社会对《孝经》的习诵，有几个皇帝甚至亲自授过《孝经》。自惠帝，汉代所有皇帝的谥号前都加一个"孝"字，以此来突出《孝经》在社会和国君治政过程中的地位。在教育领域里，文帝时始设《孝经》博士。昭帝始元五年（前82年），诏以《孝经》等未明，令举贤良文学高第。宣帝地节三年（前67年），郡县置学校，乡聚设庠序，"序、庠置《孝经》师一人"。平帝元始五年，"征天下通知……《五经》《论语》《孝经》《尔雅》教授者"，为驾一封轺传，遣诣京师。东汉光武年间（25年—57年），诏令虎贲士皆习《孝经》。明帝永平年间（58年—75年），诏令期门、羽林之士悉通《孝经》。《白虎通义》将它与《春秋》放在同等重要的地位上。郑玄则把《孝经》作为"三才之经纬，五行之纲纪"，认为《孝经》起到总汇"六经"的作用。从教育制度上来看，"汉制以《孝经》试士"，"汉制使天下诵《孝经》选吏举孝廉"；从教育实际上看，《孝经》成为初等教育的重要内容，皇太子年十二，通《论语》《孝经》。

2.魏晋南北朝时期的《孝经》

魏晋之时，三足鼎立，烽烟四起，战事频繁，但《孝经》里的思想依然为统治者所倡导。晋武帝泰始七年、惠帝元康元年，均由皇太子亲讲《孝经》两次。东晋元帝尤其重视《孝经》，曾作《孝经传》以教化世人。穆帝曾三次亲讲《孝经》，行释奠礼，并集群臣研究《孝经》的经义。南齐武帝永明元年（483年），诏令于国学之中置郑玄注《孝经》。梁武帝亲撰《孝经义疏》，并让昭明太子从小学习《孝经》。北朝诸代也特别重视《孝经》，并将《孝经》立于学官。

3. 隋唐君谕传《孝经》

隋唐时期，《孝经》也颁行天下。唐太宗认为，"行此（《孝经》）足以事父兄，为臣子。"唐玄宗曾两次亲自注批《孝经》，并于天宝三年"诏天下家藏《孝经》，精勤教习，学校之中，倍加传授，州县官长，申劝课焉"。据《新唐书·百官志三》载，国子学设"五经博士各二人，正五品上。……论语、孝经、尔雅，不立学官，附中经而已"。《孝经》《论语》和《老子》一并被列为旁经，这说明《孝经》和《老子》《论语》一样被视作国子监的必修课程和公共课程。而在科举考试中，《孝经》和《论语》也并列作为必试的科目。高宗仪凤三年甚至规定，《道德经》《孝经》并为上经，贡举都必须兼通。在后世，《道德经》曾屡停屡废，而《孝经》一直都是科举考试的必考科目。

4. 宋代《孝经》归入"十三经"

在宋代，《孝经》受到统治者重视的程度也丝毫不比以往逊色。虽然在当时"疑经"之风盛行，许多学者也开始对《孝经》的作者和成书年代产生了疑问。但宋太宗曾以御书《孝经》赐李至，认为"千文无足取，若有资于教化者，莫《孝经》若也"。宋真宗曾诏令邢昺撰《孝经注疏》，还亲撰《孝经》诗三章，命群臣赋和，并将《孝经》作

《孝经》草书

为"十三经"之一，颁布发行，立为官定教材。宋代一朝宰相司马光也极力推崇《孝经》，称"其文虽不多，而立身治国之道，尽在其中"。南宋高宗绍兴十三年，也曾颁御书《孝经》于天下州学。

5. 金、元借鉴《孝经》，用以治政

金元两代统治中原后，移风易俗，实行汉化，推行各种有益于统治的汉族制度，因此也对《孝经》颇为推崇，借以治政。金海陵王天德三年，以唐玄宗御注《孝经》授于学校。金世宗大定二十三年，以女真文《孝经》分赐护卫亲军。金章宗明吕元年，下诏以《孝经》作为科举考试内容。元世祖至元二十四年，诏令国子学以《孝经》为

基础教育内容。元武宗时，以《孝经》译成蒙古文，诏令"自王公达于庶民，皆当由是而行"，以其孝亲思想教化民众，维护统治。

6. 明清《孝经》纳入蒙学教材

《孝经》一直就是明清两代社学和蒙学的基本教材，明太祖极力推崇《孝经》，清顺治帝又御注过《孝经》，康熙年间刊刻了"满汉合璧"《孝经》，雍正年间又刊行了《钦定翻译孝经》，并有御编《孝经集注》。但是，明清两代的官学和科举考试主要是以"四书""五经"为内容，清代汉学考据学者如姚际恒等人经过详细考证，否定了《孝经》为孔子或孔子弟子所作，毫不客气地将《孝经》归入伪书之列。清代咸丰时曾诏令各省学政，科举考试都要加试《孝经》，但那已是昙花一现了。《孝经》渐渐淡出了官定教材之列，逐渐为统治者和当代的学者忽略。

《乐记》中的教育思想

《乐记》作者情况

《乐记》是《礼记》四十九篇中的一篇。在《礼记》第十九篇作《乐记》，全文五千余字，包括十一个子篇：《乐本篇》《乐论篇》《乐礼篇》《乐施篇》《乐言篇》《乐德篇》《乐情篇》《魏文侯篇》《宾牟贾篇》《乐化篇》《师乙篇》等。据西汉刘向记载，古代的《乐记》共二十三篇，这二十三篇的篇名都记载于他的《别录》。《别录》一书虽已失传，但唐代的孔颖达作《礼记注疏》时说，《别录》所载《乐记》的全部篇目，当时还"总存焉"。从孔颖达的记载看，这二十三篇除上述十一篇外，还包括《奏乐篇》《乐器篇》《乐作篇》《意始篇》《乐穆篇》《说律篇》《季札篇》《乐道篇》《乐义篇》《昭本篇》《招颂篇》《窦

金海陵王完颜亮

海陵王，名完颜亮(1122年—1161年)，字元功。太祖完颜阿骨打之孙，熙宗的表弟，他杀死熙宗后自立为帝。在位十三年，后被部将完颜元宜杀死。终年四十岁，葬于燕京郊外。

公篇》等十二篇，现今这十二篇已失传。

据传，公孙尼子上承孔子、集先秦儒家乐教之大成，是《乐记》的原创者。然而从文本本身的行文来看，《乐记》不是出于一时、一人之手，这是可以肯定的。因为，编辑的痕迹十分明显，且重复、松散之处随处可见。

先秦时期的文献流传，由于受到了书写方式的限制，加之师徒之间口耳相传的授教方式，还由于秦始皇"焚书坑儒"的劫难，先秦时期的很多文献很难被百分之百地、一字不差地保存下来。《乐记》的文献流传也不例外。

一般认为，通行本《乐记》，可能是汇编于战国时期的，也可能是汇编于汉初的。但其内容都高度集中地体现了先秦儒家关于"乐"的思想。其基本思想当直接传承于孔子，原著当形成于孔子与其弟子及再传弟子之间。孔子乐教，与《诗》《礼》相提并论，是孔子"仁学"思想的一个重要组成部分。

根据先秦时期各种文献来看，中国先秦时期的"乐"（诗、乐、舞三位一体）是非常发达的。孔子就是一位超一流的音乐实践及音乐理论大师。由于书写方式的限制，乐谱的记载难以保存。"人存则乐存、人亡则乐亡"的状态，致使先秦时期流传下来的具体的演奏、表演资料极端贫乏。所以，从这个角度上来讲，《乐记》及其相关文献所提供的内容就非常珍贵了。

郑云："名《乐记》者，以其记乐之义。""乐之义"就是专门研究"乐"的理论，它是对"乐"之实践活动的提升与超拔。孔颖达《礼记正义》引《艺文志》说："黄帝以下至三代，各有当代之乐名。孔子曰：'移风易俗，莫善于乐也。'周衰礼坏，其乐尤微，以音律为节，又为郑、卫所乱，故无遗法矣。汉兴，制氏以雅乐声律，世为乐官，颇能记其铿锵鼓舞而已，不能言其义理。武帝时，河间献王好博古，与诸

孔子杏坛讲学图

孔子杏坛讲学图为明代吴彬作

生等共采《周官》及诸子云乐事者，以作《乐记》事也。其内史丞王度传之，以授常山王禹。成帝时，以谒者数言其义，献二十四卷《乐记》。刘向校书，得《乐记》二十三篇，与禹不同，其道浸以益微。"又说"刘向所校二十三篇，著于《别录》。今《乐记》所断取十一篇，馀有十二篇，其名犹在。三十四卷，记无所录也。其十二篇之名，案《别录》十一篇，馀次《奏乐》第十二，《乐器》第十三，《乐作》第十四，《意始》第十五，《乐穆》第十六，《说律》第十七，《季札》第十八，《乐道》第十九，《乐义》第二十，《昭本》第二十一，《招颂》第二十二，《窦公》第二十三是也。案《别录》：《礼记》四十九篇，《乐记》第十九。则《乐记》十一篇入《礼记》也，在刘向前矣。至刘向为《别录》时，更载所入《乐记》十一篇，又载馀十二篇，总为二十三篇也。其二十三篇之目，今总目存焉。"孔颖达的行文是在说，中国上古时期，诗、乐、舞发展得很好，周衰礼坏之后，遗法皆乱，此篇《乐记》乃是"采《周官》及诸子云乐事"而成的重要著作，其理论的主体是先秦之物，记载的也是先秦的思想。虽然并非全貌，但是弥足珍贵。

《乐记》的作者和时代问题，从古到今，众说纷纭。据《汉书·艺文志》载，古乐早已有了，但后来散失，及秦而顿灭。汉初朝廷"广开献书之路"，像河间献王这样的人，以其地方的力量，搜集古书、古乐，他与毛生等"共采《周官》及诸子言乐事者"，整理出一部《乐记》来。《汉书·艺文志》所开列的《王禹记》二十四篇，有可能就是河间献王所搜集和整理的《乐记》，它不属于汉代人的新作，而属于"先秦旧书"。但刘向校书所得的"《乐记》二十三篇"又是怎么回事呢？

孙尧年在《〈乐记〉作者问题考辨》一文中说，《乐记》既入中秘，则推断刘向校得之二十三篇与《王禹记》同属一本，并不为过。（唯两本辗转流传，内容难免更动，其不同或不仅一卷之差。）他的意思是说，河间献王献书到了宫内（中秘），刘向校书中秘，得之而加以校定，这是很有可能的。其中虽有某些更动，但内容基本上是一致的。因此，《乐记》应当是河间献王所献的"先秦旧书"。正因为这样，所以它才需要搜集和整理，献上朝廷。

那么《乐记》原书的作者是谁呢？据《隋书·音乐志》，南朝的沈约认为是孔子的再传弟子公孙尼子。唐朝的张守节也说："其《乐记》者，公孙尼子次撰也。"据此，郭沫若在《公孙尼子与其音乐理论》一文中，断定《乐记》的原作者是公孙尼子。不过，郭沫若说，公孙尼子有可能是孔子的学生公孙龙，并疑心七十子里面的"公孙龙字子石，少孔子五十三岁"就是公孙尼子。而且他也认为，今存《乐记》，也不一定完全是公孙尼子的东西，由于汉儒的杂抄杂纂，已经把原文混乱了。孙尧年不同意公孙尼子是《乐记》原作者的说法，他认为，《乐记》是西汉中期以前儒家论乐的综合著作，主要为荀子学派的作品。蒋孔阳支持孙尧年的观点，认为，《乐记》所本的原书，是《周官》及先秦诸子言乐事者，它里面有孔孟的言论，有荀况的《乐论》，还有《易·系辞传》《左传》《吕览》及《礼记》中其他各篇有关的文章，正因为这样，所以《乐记》有许多地方与它们相同，因此《乐记》不是一人、一时之作，而是汉初儒者搜集和整理了先秦谈乐的言论，特别是儒家谈乐的言论，综合起来编辑成的一部著作，它的原作者应当是先秦儒者，它的编辑者则是汉初儒者。

从《乐记》的理论渊源来看，虽然我们今天无法读到公孙尼子的原著，也不可能对"《乐记》取《公孙尼子》"的说法加以证实，但战国时期公孙尼子确有其人，这是不争的事实。《汉书·艺文志》载"《公孙尼子》二十八篇"，并注"七十子之弟子。"王充《论衡·本性》："宓子贱、漆雕开、公孙尼子之徒，亦论情性，与世子相出入，皆言性有善有恶。"宓子贱、漆雕开均为孔子弟子，公孙尼子应与他们同时或稍后。按《隋书·经籍志》所载"《公孙尼子》一卷"并注"尼似孔子弟子"，可见战国时期确有其人。值得注意的是，唐代的徐坚《初学记·乐部上》在"事对"注释中解释"饰节成文"时引用了《礼记》中的语言，即"乐者审一以定和，比物以饰节，节奏合以成文。""情动于中，故形于声，声成文，谓之音。"这说明徐坚应当见到了公孙尼子的著作。另外，根据郭店楚墓竹简及上海博物馆藏战国楚竹书的整理，《论情性》明显含有《乐记》的萌芽，与古乐密切相关，提倡乐教，对于乐本、乐言、乐化、乐象、乐礼、乐情等方面内容皆有所涉及。

　　孙尧年、蒋孔阳的分析是有道理的，《乐记》的成书，可能是在汉初。但它的基本思想、主要章节却在战国后期已经形成。它不是一人、一时的著作，主要是荀子学派同时也吸收了阴阳家等其他学派观点的儒家著作。它是先秦儒家关于"礼乐"思想的代表性的著作。它对乐的特性，以及教育作用、礼乐结合等方面的认识已达到相当完善的水平了。

　　至于《乐记》被补进《史记》那是在其后了。《史记》的《乐书》，基本上取自《乐记》。《史记正义》谈到《乐书》时说，今此文篇次颠倒者，以褚先生升降，故今乱也。意思是说，《乐书》是褚少孙（汉元帝、汉成帝时的博士）编进《史记》的。《乐记》的传授者王禹也是成帝时的"谒者"。因此，《乐记》最后成书，约在汉成帝时代。一直到汉末，儒家还在对它进行增补编订。

《乐记》的思想

　　《乐记》中的"乐"兼指诗、歌、舞三者，但以论述音乐为主。

　　《乐记》认为，音乐是通过声音来表现"情"的，"情"来自人对现实生活的反映："凡音之起，由人心生也。人心之动，物使之然也。感于物而动，故形于声。""乐者，音之所由生也，其本在人心感于物也。"这打破了以往认为"乐"是上天赐予或神圣创造的说法。

　　《乐记》认为，外界事物的变化使人的感情产生各种变化，音乐则是这种感情变化的表露。这种感于外物而发的声音，并不是"乐"。"声相应，故生变，变成方，谓之音。比音而乐之，及干戚羽旄，谓之乐。"这就是说，

孟子

　　孟子，中国古代伟大的思想家，战国时期儒家代表人物之一。孟子继承并发扬了孔子的思想，成为仅次于孔子的一代儒家宗师，有"亚圣"之称，与孔子并称为"孔孟"。

发出来的声音，要能按照宫、商、角、徵、羽排列变化，形成高低抑扬、有节奏的音调，才能称之为"乐"。按照一定的音调歌唱、演奏，并举着干（盾牌）、戚（长柄斧）、羽（鸟羽毛）、旄（牛尾）跳舞，这就是乐。"故乐者审一以定和，比物以饰节，节奏合以成文。"

乐的最大特点是"和"。《尚书·尧典》早已有"律和声""八音克谐""神人以和"的思想。郑国的史伯（公元前806年—公元前711年）提出过"和六律以聪耳"的思想，认为诸多声音相异、相和才能构成动听的乐曲（见《国语·郑语》）。孔子提出"乐而不淫，哀而不伤"（《论语·八佾》），强调情感和理智的平衡和谐。《乐记》继承与发展了这一思想，认为"大乐与天地同和"，"地气上齐，天气下降，阴阳相摩，天地相荡，鼓之以雷霆，奋之以风雨，动之以四时，暖之以日月，而百化兴焉。如此，则乐者天地之和也。"音乐犹如阴阳相摩、天地相荡、风雨飞动、日月光照、百化兴焉那样和谐美妙。"论伦无患，乐之情也"，和谐而不相损害，这是乐的精神！

《乐记》对音乐特征的认识，不仅比《荀子·乐论》前进了一步，而且比西方的德谟克利特（Demokritos）和卢克莱修（Lucretius）的"摹拟说"也更先进、更合理，是其论述"乐"对人心理的影响作用及"乐"的社会教育功能的基础。

《乐记》里面大量运用天地阴阳等概念，这在当时的语言环境中，给人们真正理解其中博大精深的美学思想设置上了一道天然的屏障，甚至遭人误解，被人们归入迷信一类。但事实并非如此。

在"乐"的起源上，《乐记》明确指出："乐由天作，礼以地制。……圣人作乐以应天，制礼以应地。""乐者，天地之和也，礼者，天地之序也。和故百物皆化；序故群物皆别。"这里的天地，是乾阳之气和坤阴之气的凝合，是人类生活生生不息的创造和构建力量的凝合，是无形无象的人类生命创造活动和实践力量的凝合，是人类生活这一朴素的本体。

在先秦甚至更早的时候，这种本体思想已经屡见不鲜。《尚书·泰誓》中说"天视自我民视，天听自我民听"，肯定了"天"是按照人类的意志行事的。这里的"天"指的是人文哲学意义上的"天"，并非指自然界中物理的天。而《管子·内业》中进一步明确指出："道满天下，普在民所"，"彼道不远，民得以产；彼道不离，民因以知"。这里说的也是天地大道存在于天下民众之中，并且是"民得以产""民因以知"的力量。

在孟子的思想中，这种本体思想就更为明显了。"莫之为而为者，天也"（《孟子》），这里的天，也就是人类生活本体之天的造物力量。所以孟子又说："夫君子所过者化，所存者神，上下与天地同流。"而且"君子创业垂统，……若夫成功，则天也。"君子作为杰出的个体，只有遵循人类整体的发展趋势和规律，才能与人类生活之天地同流，取得成功。而《易传》更是对人类生活本体论的思想作了一个系统的总结："天地之大德曰生。"其中又说："大哉乾元，万物资始，乃统天。云行雨施，品物流形。"（《乾·彖》）"至哉坤元，万物资生，乃顺承天。坤厚载物，德合无疆。"（《坤·彖》）

这里的天地，便是世间万事万物之所以为世间万事万物的本源所在，也就是人类生活本体意义上的天地。正因为如此，所以《乐记》又说："明于天地，然后能兴礼乐。"并进一步阐明："乐着大始，而礼居成物。着不息者天也，着不动者地也，一动一静者天地之间也。故圣人曰礼乐云。"其本体思想与《易传》一脉相承，并无二致。

《乐记》又深恐人们忘记、甚至迷失生活本体，沉迷于世间万事万物而不能自拔，所以又对人们发出了警告："人生而静，天之性也。感于物而动，性之欲也。物至知知，然后好恶形焉。好恶无节于内，知诱于外，不能反躬，天理灭矣。夫物之感人无穷，而人之好恶无节，则是物至而人化物也。人化物也者，灭天理而穷人欲者也。"所谓人生而静，是说人心能够达到虚怀若谷般的境界，心灵空明虚静，此时便可超脱世间诸物的蒙蔽，"则足以见须眉而查理矣"。但人也可能受世间万物的蒙蔽，沉沦于万物之列，而无法透过万物认识万物。人类生活之本体之所以为万物的本源，亦即"物至而人化物也"，而"人化物也者，灭天理而穷人欲者也"。如果人为万事万物所蒙蔽，沉迷于高堂华屋、金钱酒色、声誉名利等，甚至把自己等同于万事万物，就失去人之为人的本性了。庄子也说："丧己于物，失性于俗者，谓之倒置之民。"(《庄子·外篇·缮性》)丧失人之为人而区别于万事万物的生活本体，把自己与物同化，实在是本末倒置，颠倒黑白，是为人之可悲！而《乐记》指出"人生而静，天之性也"，实指人有静心虚悟，在日常生活中通过体悟思维而认识生活之本体的根基和能力，提醒人们要超脱万事万物的羁绊，深入体悟人生的本体意义。

《乐记》也认识到了人类生活本体生生不息的变易思想，认为"乐"要与生活节奏合拍。所以说："五帝殊时，不相沿乐；三王异世，不相袭礼。""乐"也要与时代趋势相合，与时俱化。而从根本上来说，天地"流而不息，合同而化，而乐兴焉"，更是说明了"乐"只有与人类生活天地的变化相适应，才能真正兴盛的道理。《乐记》又说："地气上齐，天气下降，阴阳相摩，天地相荡，鼓之以雷霆，奋之以风雨，动之以四时，暖之以日月，而百化与焉。"而这种运动的思想，正是后世中国美学高度重视气势、力量、运动和韵律的重要思想来源之一。

人类生活本体在音乐美学方面的显明是通过其天然载体——人类的心理情感而显现出来的。世间万事万物是人类生活本体的表现方式，也是其藏身之所。而人的心理情感及其变化，也正是人类生活天地之"乐"的表现方式和藏身之所。这一点在《乐记》中也有明确的表述。《乐记》说："乐者，音之所由生也，其本在人心之感于物也。""乐"通过人的心理情感，受世间事物的刺激而显现出来，所以喜怒哀乐等情感不同，发出的声音也就不同。《乐记》进一步明确指出："夫乐者乐也，人情之所不能免也。乐必发于声音，行于动静，人之道也。"点明了音乐和情感，尤其是和快乐之间的关系。所以《乐记》又说："说之，故言之；言之不足，故长言之；长言之不足，故嗟叹之；嗟叹之不足，故不知手之舞之，足之蹈之也。"这里"言""长言""嗟叹""舞"和"蹈"都是用来表达心理情感的。只有通过心理情感，生活本体才在美学意义上真正显现出来。而《乐记》的本体思想，不仅仅限于音乐，而是通用于艺术。所以《乐记》又说："诗言其志也歌咏其声也，舞动其容也。三者本于心，然后乐气从之。"

但值得注意的一点是，《乐记》更加注重生活本体之道而主张合理节制人由外物所引起的情欲："以道制欲，则乐而不乱；以欲忘道，则惑而不乐。"这与上文所说的《乐记》作者反对灭绝天理而穷尽放纵人欲的观点是一致的。由此我们可以看出，生活在本体之乐——艺术方面的显明，不是凭空出现的空中楼阁，而是通过心理情感表现的，而心理情感又是通过诗、歌、舞、乐器等表现出来的。这也和《易传》中"形而上者谓之道，形而下者谓之器"的"道器为一"的思想是一致的。

在生活中能深刻体会和领悟"乐"所蕴涵的生活本体的人是杰出人物，而无法真正体悟或体悟较少的人则是一般人，并且这一点也不以王侯将相等处于特殊地位的人物为转移。据《乐记》所载，子夏就曾指出魏文侯未能知乐，对他说："今君之所问者乐也，所好者音也。夫乐者，与音相近而不同。"所以，"君子之听音，非听其铿枪而已也，彼亦有所合也。"所合者，弦外之音——生活本体之道也！然而一般人对于音乐本体之道"日用而不知"，甚至可能沉迷情欲之中而不能自拔，即《乐记》所说的"君子乐得其道，小人乐得其欲"，然而"以欲忘道，则惑而不乐"，这也是现实生活中许多人居高堂华屋而不乐、食美味佳肴而不甘的重要原因。还是庄子那句话："丧己于物，失性于俗者，谓之倒置之民！"本末倒置，何来快乐可言！这也正是《乐记》所要表达的本体思想的精要，所以《乐记》叹道："唯君子为能知乐！"

《乐记》的美学教育智慧

《乐记》是我国古代最重要、最系统的音乐美学论著，今存十一篇，论及音乐的本源、音乐的特征、音乐的美感、音乐的社会功用、乐与礼的关系、形式与内容的关系、古乐与新声的关系等方面，是先秦以来音乐思想的总结与发展。《乐记》认为音乐可以表现封建伦理道德，也应该成为进行教化、巩固统治的有力工具，因而强调音乐与政治的关系，强调音乐的社会功用。

《乐记》受到了《荀子》和《易传》的影响，由此形成了两种根本不同的美学观。其中源于《荀子》一系的美学思想以现成性的世界为哲学基础，认为音乐的源泉在于心与物相感；而源于《易传》一系的美学思想则以非现成性的、生成性的生活世界为哲学基础，认为音乐以生活世界的本体为源泉。在以西方主客二元为主导的现代语境中，现代人对源于《荀子》的美学思想有明确的理解，但对源于《易传》的美学思想却发生了十分严重的文化"误读"，以至于多数现代学者将其全盘否定。其实，只有来自《易传》的美学思想才是《乐记》理论的精华。它真正代表了中国美学的精神，是西方传统文化难以解读的中国学术思想，是中国人对世界文明的独特贡献。

《礼记·乐记》是中国美学史上十分重要的文献，它奠定了中国古典音乐美学的基础，树立了后代音乐理论的范例，在音乐美学史上具有开规创矩的"法典"式的地位。由于《乐记》的地位独特，现代学者对它进行了非常深入的研究，并取得了一系列世界瞩目的学术成果。但令人遗憾的是，在以往的《乐记》研究方面，一直存在着一个很大的理论盲区，影响了人们对《乐记》美学思想进行全面、深入的掌握，从而大大地削弱了它的美学含量和理论价值。

从学术传承和理论渊源来看，《乐记》的重要思想来源至少有两个：一是《荀子》；二是《易传》。由此而形成了《乐记》中关于音乐美学的两种基本观点。在《乐记》中，这两种观点没有充分糅合，处于游离状态，没能建构有机的理论整体。

1.《乐记》源于《荀子》一系的美学思想

目前，学术界所认识到的《乐记》美学思想主要属于《荀子》一系。《荀子》对《乐记》的影响及相关的美学思想，经学者的深入研究，已经比较明确。正如孙尧年先生说，它（指《乐记》）讲的艺术哲学，属儒家思想范畴，而以《荀子》思想为主体，因此它保持了相对完整的理论体系。

当然，《乐记》除了继承《荀子·乐论》美学思想，在此基础上也有很大的发展。它的理论更加系统，对音乐的分析也更加细致。从音乐的源泉看，《乐记》认为音乐产生于心物相感："凡音之起，由人心生也，人心之动，物使之然也。感于物而动，故形于声。……乐者，音之所由生也，其本在人心之感于物也。"由此看来，音乐的产生离不开两个基本要素：一是人心；二是外物。这里的"物"，一方面包括自然之物，另一方面也应当包括社会事物。这种以物感心的观点类似现实主义的美学观。在心、物二者之中，《乐记》更重视心的作用："凡音者，生人心者也。情动于中，故形于声。声成文，谓之音。……夫乐者乐也，人情之所不能免也。"情感发之于外，便成为音乐，这种观点类似表现主义的美学观。

其实，《乐记》的美学观既不是现实主义，也不是表现主义，而是以"礼教"为核心的功利主义，因此它特别强调音乐的教化功能。这种音乐美学思想是以荀子的"性恶论"为前提的。人性本恶的观点是《乐记》中《荀子》一系美学思想最深的理论基础和思想出发点。《乐记》说，"夫民有血气心知之性，而无哀乐喜怒之常"，"人生而静，天之性也；感于物而动，性之欲也。物至知知，然后好恶形焉。好恶无节于内，知诱于外，不能反躬，天理灭矣。"

人的本性"无哀乐喜怒之常""好恶无节"，人天生就具有"不良"倾向，人的心性没有充分规范化、伦理化，有许多"恶"的成分，因而他们的音乐不是真正的"乐"——礼乐。真正的音乐应当由"圣人""先王"来制定，因为他们已经灭掉了与生俱来的"好恶无节"的恶的"本性"，具有良好的道德修养与人伦意识，是"灭人欲"而"穷天理"的真正的"社会人"。因此，《乐记》反对"俗乐"而崇尚"礼乐"，是奉行政治与道德合一的礼教功利主义音乐观。"乐者，通伦理者也……知乐则几于礼矣。"《乐记》这种"礼""乐"合一的音乐观早就为学界所公认，如吴毓清先生曾指出，"礼乐"思想乃《乐记》的核心思想。在《乐记》中，一切都是围绕着这个核心转动的。

由上可见，《乐记》中《荀子》一系的美学观点深受荀子哲学思想的影响，其音乐的源泉、音乐的本质、音乐的功能等思想皆以人性本恶为立论基础。

2.《乐记》源于《易传》一系的美学思想

除《荀子》外，《乐记》还十分明显地受到了《易传》的影响，它以《易传》的世界观为思想基础，形成了与《荀子》一系迥然不同的美学思想。二者分歧的焦点集中在对音乐源泉的不同理解上。

前已有述，《乐记》认为音乐起源于心物相感，这是来自《荀子》的观点。除此而外，《乐记》对音乐的源泉还有另外一种见解："乐由天作，礼以地制。……

圣人作乐以应天，制礼以配地。"

礼乐的源泉是"天地"，这种观念明显受到了《易传》的影响，因为"天"与"地"是《易传》理论体系中两个基本的范畴。

这种"礼乐"与天地相配的思想在《乐记》中被反复强调，但是还有许多人无法真正理解其哲学意义，误认为这是《乐记》中毫无学术价值的思想糟粕，应予以否定与批判。此类的观点俯拾即是。

从现代学术语境看，这种观点并没有不恰当的地方。但问题的关键就在于，我们所使用的这套文化语境是西化了的。近代以来，西方语言大举进入中国，并在国人心中扎下了根。其中，西方传统二元文化语境对我们的影响最大，如心与物、人类与自然、主体与客体、感性与理性、本质与现象、生理与心理等概念，以及这些对偶性概念之间的对立与统一，均属这种二元文化语境。当我们以此为理论工具与思想图式解读《乐记》中《易传》一系的美学思想时，必然得出否定批判的观点。但中国古典文化与西方文化之间存在着巨大的、本质的差异，中国文化的许多思想精髓原本在西方文化视野之外，当我们以这种西方文化为背景解读中国传统文化时，必然会发生文化"误读"。现在如果要全面、整体地理解《乐记》的美学思想，特别是要正确理解其中《易传》一系的美学观点，就必须超越被西化了的这套"现代"文化语境与思维模式，以本土化、民族化的视角解读我们的传统思想。

由于《乐记》中的许多美学思想是以《易传》哲学为理论基础的，因此正确理解《易传》的世界观就成了全面评价《乐记》的首要前提。

下面我们对《易传》的哲学思想作简要的分析。

《易传》在总结先秦文化尤其是原始儒、道两家精华思想的基础上，以现实人生作为研究对象，系统地提出了关于生活世界的学说。它的世界是以人生为核心的、"生活"的世界，而不是西方文化中的物理的世界。它无时无刻不处在变化之中。所以《易传》进一步认为，"生活之易的世界是由确定性与不确定性两种因素建构而成的，二者是世界不可分的两个要素、两种特性、两种势能。它们分别有许多别名，如不确定者又称为乾、天、道、象等，确定者则称为坤、地、形、器等。在二者当中，又以前者较为重要，它是生活之易的推动者，是世界生生之伟力的源泉。下面我们对其进行简要分析。

《坤·象》说："至哉坤元，万物资生，乃顺承天。坤厚载物，德合无疆。"孔颖达解释说："初禀其气谓之始，成形谓之生。"可见，"地"具有"成物"功能，它使万物具有定形、定相的特性。

《乾·象》说："大哉乾元，万物资始，乃统天。云行雨施，品物流形。"高亨注说："大哉天德之善，万物赖之而有始。"可见，"天"具有"始物"功能，是万物之所，为万物的本源与依据。

《易传》借用自然现象，给予生活世界以形象性的阐释。上天"云行雨施"，大地才能使万物各具其形，各有其性，所以天（乾）为万物的本源、初始。但天因变化多端而无定形（天道无常），自身并不能直接现身面世，而是由具有确定性质的地（坤）"顺承"其能，使物成形以显天之功用。这个思想反复被强调，如"天施地生，其益无方"（《益·象》）、"乾知大始，坤作成物"（《易传·系辞上》）。俞琰说："知，犹主也。"也就是说，万物是由天与地、乾与坤共同做成的，但二者之中又以天、乾更为本源。

我们认为，天（乾）可理解为生活世界的本体、本源，是人类生存活动特有的"造物力""始物力"。所谓"天造物"，也就是生活的造物力量造物；而"地"（坤）则可理解为生活世界的现象界，是人类生活具有的"成物力""凝聚力"。诸物"始"于乾、"成"于坤，均由"天造地设"而成，由天至地是生活"造物"并"成物"的运作过程。

按《易传》思想的主旨，构成生活世界的确定与不确定的两个基本要素是不可分离的，本源性的天、乾与现象性的地、坤是不可分离的，生活世界是天地相感、乾坤交合而构成的生生之易的洪流。一方面，万物都是无定形的本体显示自身的方式；另一方面，诸物中皆含本体，万物就是本体的家。中国古人观察诸物的最高境界乃是发现隐匿在物中的生活本体，而不是像西方人那样去发现物质性的规律；中国人的最高人生追求是超越诸物，与生活世界的本体浑然一体，也就是与天合一，从而成为"圣人"（儒家）、"真人"（道家）。这是中国古典哲学特有的本体与现象不可分离的、合一不二的本体理论，也是人类生活的本源性状态，是人生之真相。而西方传统文化视野中的世界则是物质的而非生活的世界，它们的本体与现象界是二分式的，本体是超验的（如理念、上帝、绝对精神等），天堂与现实是两个分裂的世界，终极与现实、彼岸与此岸之间存在着不可逾越的鸿沟，从而缺少了中国人对人生与世界的诗意感受。所以，我们在研究中国传统文化时不能简单地套用西方二元文化理论模式，否则，中国文化就成了填充西方理论框架的"死材料"，从而失去自己鲜明的个性与生动活泼的灵魂。

《易传》本体理论还认为，生活世界最大的特性就是"生生"。《系辞下》说："天地之大德曰生。""天地"在这里指由乾坤相感、天地合一而构成的生活世界，其最大的特点是"生"。"生生之谓易"，生活就是"变"，就是"日新，日日新，又日新"的"变易"。《系辞上》又说："日新之谓盛德。""易不可见，则乾坤或几乎息矣。"如果生活因某种原因，如严重的"物化"，而使"生生""变易"的根本特征受到打击，则生活就会窒息、停滞，"世界"将会"硬化"，失去其生动活泼的特性，人类的生存就会受到威胁。故《易传》认为"变"是生活世界的根本法则，"变"高于一切。按《易传》思想主旨，"世界"不是由先在的现成之物堆积建构而成的，更没有结构主义所谓的先验的、稳固不变的结构。"变易"是绝对的，不变则是相对的，一切现成物都在生活洪流中乍隐乍现，一切定相都是暂时的，而"易"的洪流则永久不衰。只要这个世界上还有人类存在，此"易"就会永不停息。

通过以上简要分析，可知《易传》的研究对象是生活世界。

从构成方式上看，这个世界是由"天"与"地"两个基本要素建构起来的，其中"天"为生活世界的非确定性的、本源性的力量，是世界的"始物力""生物力";"地"为生活世界的、确定性的现象界，是生活的"成物力""构物力"。

从"天"与"地"的关系来看，二者是不可分离的"一""整"，诸物皆天之澄明，天是诸物的内在魂灵。

从根本特性上看，生活世界是生生不息的"变易"，属于大地的确定性的器与物都是暂时的，生活洪流在不断推陈出新，其变新的源动力就是天。

可见，以上三点对《乐记》产生了极大影响，从而形成了根本不同于《荀子》一系的美学观点。

3. 全面解读《乐记》的美学教育智慧

只有真正理解了《易传》关于"天"与"地"一体的生活的世界的思想，才能拂去缠绕在"礼乐"与天地关系问题上的神秘面纱，正确解读《乐记》中《易传》一系的美学思想，从而全面、整体地评价《乐记》的美学价值。

在《乐记》中，"礼"与"乐"是密不可分的整体，它们与"刑""政"一样，属于社会体制，其功用是"所以同民心而出治道也"，因而"礼"与"乐"常常被作者相提并论，"礼乐"一词在《乐记》中共出现二十多次，另外还有众多的分别以"礼"和"乐"为核心组成的对偶句。从《荀子》一系的美学观点看，"礼"与"乐"之所以不可分离是因为二者同属社会体制，它们在培养人性、规范人心方面具有不同的作用，如"礼节民心，乐和民声""乐至则无怨，礼至则不争""乐极和，礼极顺"等。总体来说，"乐"偏于从情感层面教化人心，"礼"偏于从理性层面规范人性，二者的目的都是约束、规范"无哀乐喜怒之常""好恶无节"的人性，以便达到"教民平好恶而反人道之正"的目的。

但从《易传》一系的美学思想看，"礼"与"乐"作为密不可分的整体，是《易传》本体与现象"合一不二"的哲学思想在《乐记》中的反映，具有特殊的美学意义。按《易传》生活本体理论，诸物都是"天"与"地"的合一。"天"是本源性的，具有非确定性；"地"则是现象性的，具有确定性。也就是说，每物都是非确定性的本体与确定性的现象的合一。

在《乐记》中，"礼乐"作为不可分割的有机整体，是规范人的情感与行为的社会体制，属于现象界的形器，而形器是地（坤）顺承本源性的天（乾）之"始"力建构而成。一切形器都是由天（乾）从生活世界的幽深之处推出又经由地（坤）凝聚建构而成的现成之物，故形器实际上是无形的天与有形的地的合一，是本体与现象的合一。"礼乐"作为形器，也当然这样生成，具有同样的特性。其中，"乐"对应于无形的乾、天；"礼"对应于有形的坤、地；"礼"与"乐"的合一是由世界乾坤相感、天地相合的基本特性所决定的。所以《乐记》才说："乐由天作，礼以地制。"

这里的"天""地"既不是客观性的自然界（纯粹理性的对象），也不是主观性的人格神（宗教信仰的终极目标），而是《易传》中作为生活世界的天地，是实实在在的。故以上引文中的"天"即乾，"地"即坤。故"礼乐"来自于"天地"，也就是来自于生生不息的生活世界的洪流，来自于社会生活。这种思想比《荀子》一系的心物相感的音乐观点更加深刻。从本体意义上说，"乐"的本源既不是心，也不是物，而是生活。只有对生活有透彻的了悟，把握了生活的"精神"与"实质"，才能制作出真正的"礼乐"，故《乐记》说："明于天地，然后能兴礼乐也。"

《乐记》又说："乐着大始，而礼居成物。着不息者天也，着不动者地也，一动一静者天地之间也。故圣人曰礼乐云。"

这段话与《易传·系辞上》的"乾知大始，坤作成物"有异曲同工之妙，是对"乐由天作，礼以地制"的进一步阐释。"大始"即作为生活世界本源的"乾"，也就是天，它是"生生之易"的推动者，是"生生不息"的造化源泉。所以说："着不息者天也"，它隐身在作为形器的"礼乐"中，为"乐"的本质。"礼"作为现成性的、具体的社会规范，有相对的稳定性，故为"地"。所谓"成物"即由"坤"建构而成的、具有定相、定体的形器，"礼乐"作为社会规范，当然具有相对稳定性，而这种相对稳定性是由"礼"体现的，"礼"为"坤"、为"地"。所以说"着不动者地也"。天地相感，动静互根，"礼"与"乐"

当然也不可分离，"故圣人曰礼乐云。"

《乐记》还以"和""序"等概念分别与"乐""礼"相对应，进一步阐述"乐"从"天"、从"阳"，"礼"从"地"、从"阴"的思想："乐者，天地之和也；礼者，天地之序也。和故百物皆化，序故群物皆别。乐由天作，礼以地制。"

"和"是指从"乾"（天），也即从本源的角度看待"天地"（世界），则一切在根本上和"合"无别，都是无形的"天"的体现。"乐者，天地之和"的意思就是乐为生活的本体，所以说"乐由天作"；"序"是从"坤"（地），即从形器角度看待天地万物，则诸物相对静止，各有定形、定体，从而表现出序别与差异。"礼者，天地之序也"的意思就是礼为生活（天地）的现象，所以说"礼以地制"。《乐记》所谓的"大乐与天地同和，大礼与天地同节"也是这个意思。

类似的观点在《乐记》中屡见不鲜，如"天高地下，万物散殊，而礼制行矣；流而不息，合同而化，而乐兴焉……乐者敦和，率神而从天；礼者别宜，居鬼而从地。故圣人作乐以应天，制礼以配地"等。

另外，《乐记》的作者还直接"酌采《系辞》"（高亨语），以天地论"礼乐"。《易传·系辞上》说："天尊地卑，乾坤定矣。卑高以陈，贵贱位矣。动静有常，刚柔断矣。方以类聚，物以群分，吉凶生矣。在天成象，在地成形，变化见矣。"这段话被《乐记》改造并引用："天尊地卑，君臣定矣；卑高已陈，贵贱位矣；动静有常，小大殊矣。方以类聚，物以群分，则性命不同矣。在天成象，在地成形，如此，则礼者天地之别也。"

这段话论述"生活之易"的"凝聚力""成物力""建构力"。它使诸物具备定形，显示出方圆、类别等差异。所谓"定矣""位矣""殊矣""不同矣"都是"生活之易"的阴性势能所致，是生活的"成物"力量的产物。"礼"是人伦关系的准则，是尊卑、贵贱、长幼、男女之间的确定性稳序，是生活确保自身稳定性的手段与工具。所以，《乐记》说："礼者天地之别也。"

但是，生活还有另外一种更重要的力量。《易传·系辞上》说："是故刚柔相摩，八卦相荡。鼓之以雷霆，润之以风雨，日月运行，一寒一暑。"《乐记》也化用了这一段："地气上齐，天气下降，阴阳相摩，天地相荡，鼓之以雷霆，奋之以风雨，动之以四时，暖之以日月，而百化兴焉。如此，则乐者天地之和也。"

这一段强调的是"生活之易"的"造化力""始物力""新变力""相摩""相荡""鼓""奋""动""暖"都是生活世界的本源性的"乾"的能力，即生活的"始物"力量所致，是"生活之易"的推动者，是世界不可缺少的造化力量，它是现象界诸种事物沉沉浮浮的最终决定者。"乐"与之相对应，是"乐"的源泉，所以说"乐者天地之和也。"

由于"天"（乾）为"阳"，"地"（坤）为"阴"，"天地"与"礼乐"的关系也可理解为"阴阳"与"礼乐"的关系，这种以阴阳论"礼乐"的思想，在《礼记·郊特牲》中也有论述，如"乐由阳来者也，礼由阴作者也，阴阳和而万物得。""昏礼不用乐，幽阴之义也。乐，阳气也。"《白虎通·礼乐》也说："乐言作，礼言制，何？乐者，阳也，阳倡始，故言作。礼者，阴也，阴制度于阳，故言制。乐象阳，礼法阴也。"这些观点都是与《乐记》中《易传》一系的美学思想相通的。

《易传》对《乐记》的影响，不仅仅体现在"礼乐"的源泉是天地相感的"生活之易"，还体现在"礼乐"的变化也是由"生活之易"所决定的。"礼乐"作为整体性的社会体制，是无形的本体（天、阳）与有形的现象（地、阴）的合一，它是生活运作的方式之一。而生活为生生之洪流，处在"不舍昼夜"的变易中，因而"礼乐"也应随之不断变化。生活中没有永恒不变的"礼乐"，人不能执守某种现成的、既定的"礼乐"，而应"趋时"变通，从而保持与生活之易的合一。这也是《易传》变易思想的基本要求。《乐记》也认识到了这一点，它强调"事与时并"的原则："事"指人的所作所为，"时"即时代，也就是生活之易，"事与时并"即要求人的行为与生活之易合一，与时俱进。从根本上看，"礼乐"属生活从幽深之处推出的形器。但从经验的层次上看，它是由人设立的，故建立"礼乐"的活动也就是人"事"，它应遵循"事与时并"的原则。《乐记》说："五帝殊时，不相沿乐；三王异世，不相袭礼。""时""事"的变迁，决定了"礼乐"的"变新性"，即使三皇五帝之"时"的"礼乐"完美无缺，也不可照抄照搬。因为随着"时"过境迁，这种"礼乐"已成为历史的"陈迹"，当今的"礼乐"只能因当今之"时"而设立。不慕古，不留今，与时变，与俗化，一切均从"时""易"出发。这样，才能做到"大乐与天地同和，大礼与天地同节"，"作乐以应天，制礼以配地"，使"礼乐"与浑灏流转的生活洪流保持统一。以这样的"礼乐"作为制度，就能确保生活的稳定与和谐。这种"礼乐"的"事与时并"的原则既是世界观，又是方法论，是《易传》思想的体现。

从以上分析可知，《乐记》由于吸收了《易传》思想，在"礼乐"的本源论及发展论问题上，达到了哲学本体的深度。它在中国美学发展史上的意义在于，首次运用《易传》生活世界的思想来分析作为现成形器的"礼乐"，是《易传》本体理论以"礼乐"为个案的示范性展示，为这种本体理论在后来进入艺术理论领域做出了思想上的准备。

汉末魏晋以后，艺术开始摆脱礼教功利主义束缚，从政治与伦理的附庸变为觉醒的、独立的个体。按《易传》本体思想，任何事物都是无形的本体与有形的现象的统一体，具有独立品格的艺术当然也不例外。作品的形器要素包括作品的结构、形体、言辞、声调、音节等有形的、具体的成分。而作品的灵魂则是隐匿于作品形器要素中的生活本体，它推出形器并以之作为处身之所，是作品的生命之所在。

在古代艺术理论典籍中，作品的灵魂有许多别称，如神、韵、趣、味、道（形而上）等。无形的本体与有形之形器的合一就成了中国艺术的基本精神，如阮籍《乐论》所说："故达道之化者可与审乐，好音之声者不足与论律也。"这里的"道"就是无形的作为音乐灵魂的世界本体，"声"则只是音乐有形的形器要素，音乐就是有与无二者的合一，有与无之间，以无最重要，陶渊明也曾说过："但识琴中趣，何劳弦上声。"此"趣"也是指音乐灵魂的、无形的生活世界的本体。

需要指出的是，《易传》在强调"天地""乾坤"同体的同时，更强调作为本源的"天""乾"的主导作用。但这种思想在《乐记》中并没有体现出来。在《乐记》中，与"天"对应的"乐"和与"地"对应的"礼"只是并等关系，这是它的缺点之一。

按《荀子》一系的美学思想，"乐"的产生至少有两个不可缺少的前提：一是心；一是物。心、物相感则生音、成乐。这种观念与《易传》一系的"礼乐"生于"天地""阴阳"的思想显然不同，《乐记》作者没有在二者之间建立起内在逻辑关系。因而这两种思想互不关联，处于游离状态。作者创作《乐记》时，似乎仅仅把这两种思想从《易传》与《荀子》中移了出来，而缺少了糅合的功夫。这是其缺点之二。

可能这是作者对《易传》本体思想理解不透、贯彻不彻底、缺乏圆融贯通的境界所致。现代人在西学语境的影响下，虽对来自《荀子》一系的思想有较为明确的理解，但对源于《易传》的"礼乐"一系的理论却不甚明了。我们认为，这两种思想可以在《易传》生活本体思想的基础上得到统一。从根本上看，主观的"心"与客观的"物"都是由"天""乾"所推出的形器，都处在现象界的层次，心之为心，物之为物，都是天的作用，其"本质"都是天之"显"（作为动词）形，故生自心物相感的"乐"归根到底也是以天为源泉。在乐的产生过程中，心与物只是本体通过乐而显示自身的"工具"与"媒介"，故心与物不具本源意义。仅仅以心物相感论乐，缺乏本体深度，显然只停留在形而下的、器的层次上，而不知诸物源于天，不懂得应突破经验的世界，从形而上的角度看待事物。这种缺点本为《荀子》所具有，作者不加辨别，照搬到《乐记》中来了。

从以上分析可见，《易传》一系的理论观点才是《乐记》中最深刻、最有价值、最能代表中国文化精神的美学思想。它将"乐"的源泉建立在生活本体之上，为后代"道艺合一"的中国艺术思想的形成做出了探索。这种美学思想是西方传统艺术观中所缺乏的，只有到了马丁·海德格尔（Martin Heidegger）以后，西方人才渐入此境。而《乐记》中《荀子》一系的美学观点实不足以真正代表中国文化精神，因为这种心物相感的功利主义艺术观在西方传统中并不鲜见；而且从哲学角度看，这种观点只停留在现象界的层次上。由此也就决定了这种美学观点不可能达到本体深度，难以体现出中国美学最深刻的思想。

《乐记》的哲学教育智慧

《乐记》的思想内涵十分丰富，对今天的人们仍有着宝贵的教育意义。这里主要就其"和"的思想、"践形"的思想等进行一些梳理和阐述。

1.《乐记》"和"的思想

中国古代思想家最初是从对自然现象的观察中认识到"和"的。因为自然现象的规律经常在广大的范围内重复着，它同人的现实活动有着密切关系，并在人经常不断反复进行的物质生产活动中为人所感知。而这种从自然界得来的观念，很快被推广到社会现象。社会现象和自然现象一样，也有其内在的必然的联系和运动规律，也是一个和谐的有机体。这种观念，使得以"和"为美的古代美学，一方面很早就看到了人与自然的统一，朴素地意识到了自然的"人化"的意义；另一方面又很早地肯定了个人与社会的统一，把社会看作一个按照"礼"的规定所组成的像自然那样和谐的有机体。人与自然、个人与社会的和谐一致，是整个中国古代美学的根本出发点。

通过对《乐记》的深入挖掘，可以提炼出《乐记》中处于中心地位的"和"范畴。

（1）"和"范畴的思想精要

《乐记》首先认为，天有天"理"，"天地之道，寒暑不时则疾，风雨不节则饥"。只有寒暑适时而风调雨节，才会天下安和，否则，就会发生疾病，出现饥荒。当地气上升，天气下降，阴阳互相摩擦，天地互相激荡，伴以雷霆的鼓动，风雨的激励，四时的催促，日月的温暖，那么草木鸟兽就会蓬勃生长。天地就是这样互相协和、化育万物的。

而先王作乐，就是秉承了这一天地之"理"，"是故先王本之情性，稽之度数，制之礼仪。合生气之和，道五常之行，使之阳而不散，阴而不密，刚气不怒，柔气不慑，四畅交于中而发作于外，皆安其位而不相夺也。"这是在考察天地之"理"的基础上，《乐记》提出作乐之则，要像阴、阳二气那样协和交融，像金、木、水、火、土那样先后有序，使阳气不流散，阴气不郁积，刚气不暴怒，柔气不畏缩，阴、阳、刚、柔四气通畅地交流于体内而又表现于音乐，各安其位而不互相侵犯。只有像这样制作的音乐，才能够"清明象天，广大象地，终始象四时，周还象风雨；五色成文而不乱，八风从律而不奸，百度得数而有常。"这便进一步具体提出了制作音乐的审美要求：乐曲像天那样清明，像地那样广大；乐舞像四时那样往复，像风雨那样回旋。五音构成曲调，像五行那样毫不紊乱；乐器和谐合律，像八风那样互不侵犯；节奏合乎度数，像昼夜百刻那样有规律。推行这样的音乐，能够使人"耳目聪明，血气和平"，并"移风易俗，天下皆宁"。

不仅如此，《乐记》一方面提出了"乐由天作"，认为音乐合于天理而作，另一方面认为，音乐能反过来发挥至德的光辉，调节四时之气，宣扬天地万物之理，"奋至德之光，动四气之和，以着万物之理"。这是对音乐功用的进一步指认，即音乐不仅作用于社会人群，也作用于天地自然。如此可见，从天地到社会再应用于天地，人、自然、宇宙、社会不是分割独立的，而是融于一体的，相通相融、互相契合对应。

（2）内心"和顺"的主体要求

《乐记》首篇《乐本篇》集中论述了音乐的本源问题，反复强调音乐是由人创作的，将音乐落实于具体的人的世界，体现出朴素的唯物观。值得注意的是，《乐记》不仅强调音乐的主体性，而且明确提出并且深入论述了音乐创作的主体要求，其中，以主体内心的"和顺"为关键。

《乐记》反复论及乐由心生，如"凡音之起，由人心生也""乐者，音之所由生也，其本在人心之感于物也""凡音者，生人心者也"等，指出人、物、音三者由人心经感物终成音的动态过程，若将这一动态流程反转，由和美的音乐溯其制作源头，则自然推导出"和顺"之心的主体要求。至于"和顺"之心的由来，《乐记》认为，人按其本性是静的，有德的，"人生而静，天之性也"，"德，人之性也"，可见《乐记》秉承了孔、孟人性善的基本观点。这是作乐主体的基本条件。接下来，《乐记》进一步分析到，只有本性善良是不够的，因为一般人受到具体的外物的诱惑，便会生"欲"、生"好恶"，而当外物不断引诱，内心又无节制，人自身静的、善的本性就难以恢复，这就失去了作乐的基本条件。但"君子"却能保存天赋情性，能够平和自己的心志，并效法好的榜样，以成就自己的德行，因此只有君子才能作乐。当"和顺"的德性深蕴内心，以致感情深厚、志气旺盛，就能开出音乐这美好的花朵。"……是故情深而文明，气盛而化神，和顺积中而英华发外，唯乐不可以为伪。"深蕴"和顺"德性的人，便是君子。从根本上说，《乐记》认为只有君子才懂得音乐，普通人是不懂乐的，"乐者，通伦理者也。是故知声而不知音者，禽兽是也；知音而不知乐者，众庶是也。唯君子为能知乐。"并且，"君子乐得其道，小人乐得其欲"，就是说只有君子才能在乐中体悟到天之道，因而才配作乐，方能赏乐。《乐记》进一步从作乐与赏乐二个方面肯定了音乐主体的特殊要求。《乐记》中这样的论说多处可见，如"是故先王之制礼乐，人为之节"、"是故先王之制礼乐，非以极口腹耳目之欲也，将以教民平好恶而反人道之正也"等，无不强调只有君子（先王）才能作乐。作乐的目的是教化平民，平民是不能作乐，但是需要用乐加以教导，使他们节制好恶，恢复人的正道。

　　总之，《乐记》之"和"是对中国古代哲学、美学思想的延承，是"天人合一"哲学观在音乐艺术上的体现。于是便有了《乐记》对于"和"范畴的诸多阐扬。以"中和"为美的音乐审美标准，以"和顺"为体的音乐主体要求，"合和"天下的音乐功能指认。归根结底，《乐记》是希望以根植于中国先民思想深处的"天人合一"的观念，规范音乐，进而规范人心，以实现"天下皆宁"的理想。这些不得不让我们感叹中国先哲的智慧，以及这一古代音乐理论遗产的可贵。

　　2.《乐记》的践形思想

　　根据现有的传世文献，初步的"践形"观念，早在《尚书》中就已经有了。《康诰》说"弘于天，若德裕乃身"。《论语》说"夫子温、良、恭、俭、让以得之。"实际上也是一种"践形"的思想。孟子说："形色，天性也；惟圣人，然后可以践形。"所谓"践形"，就是指人之内在的德性通过身体、容貌、行止显发出来的一种境界性的精神状态。

　　根据《乐记》的文本，可以认为，"践形"在这里有以下三个层面的意蕴。第一，身与心的互正、统一。它有由内到外和由外到内两个路向的相互作用：一方面是"和顺于中而英华发外"；另一方面，则是"身以为主心"。第二，天与人的统一。蒙文通先生说，命即"践形之极，命之必傅于血气之质，故君子不谓之命也。形上、形下不可二"，此之谓也。第三，对周围的人文世界有感化的作用，用《乐记》的话来讲，就是"百化兴焉"。《乐记》的"践形"思想起源于孔子"成于乐"的人学构架，而且由于与艺术的形象思维交融，彼此烘托，因而形成了不同的特色。

先秦儒家的"践形"思想有一个基本的思维前提，这就是天道之"德"的终始之极。换句话说，"践形"之旅的始点是"天"，"践形"之旅的终点也是"天"。其始点是"天"，是说天的生生之德的性命源头，是"践形"过程十全十美的范本；其终点也是"天"，是说天之博、厚、高、明、悠、久，显发于人之身体容貌，天人冥合，又回归到了天。这当然是要经过十分漫长的修炼过程才能抵达的境界。

由于"践形"思想把人的身体容貌视为一个德性化的过程，因此"践形"的始点与终点，虽然同处于一个圆周的视点上，但并不处于同一个层面，它是一个螺旋式上升的过程。

通过《乐记》的文本我们可以清楚地看到，《乐记》是把孔子"成于乐"的思想与养气理论融会贯通的结果。

《乐记》"践形"思想的内在脉络是："夫民有血气心知之性，而无哀乐喜怒之常，应感起物而动，然后心术形焉。"没有血，就没有气；没有气，就没有心志；没有心志，也就不可能有知。更为重要的是，没有正确的知，人就不可能下学上达，从而最终实现"践形"。血气心知，说到底，正是中和之道与先秦儒家古典理性主义得以实现的物质基础。所以，血气心知之性，一方面有它"好恶无节于内"而流失无收的潜在危险，另一方面又是圣人之乐教通过它通达"天之德"的桥梁。

"血气心知之性"并非可有可无的东西，因为没有这种生命的承担者，"心术"是不可能"形"的。在《乐记》中，"血气心知之性"，就是"感性的直观"。在抵达纯粹知性的过程中，"感性的直观"是不可或缺的，"因为我们只对于现象才具有先天直观能力"。但是，"感性的直观"具有不稳定性、片面性，"而无哀乐喜怒之常"，它以"表象的杂多"形式表现出来。但正是由于有了这种基于现实生命的"血气心知"，以及互动、映衬的天人结构，《乐记》的"反躬""反始""以反为文"才能最终成为可能。

"乐也者，动于内者也；礼也者，动于外者也。……故礼主其减，乐主其盈。礼减而进，以进为文；乐盈而反，以反为文。礼减而不进则销，乐盈而不反则放，故礼有报而乐有反。礼得其报则乐，乐得其反则安。礼之报，乐之反，其义一也。"（《礼记·乐记》）

在公孙氏看来，相对于杂多世界的偶然来讲，"性之端"代表了天道的永恒性；相对于血气心知的"感性"来讲，"性之端"代表了认知上的真实性；相对于"践形"的过程来讲，"性之端"代表了人生境界的终极性。所以，没有"性之端"的预设，整个"践形"的活动过程将变得毫无意义。

"德之华"只有通过"金石丝竹""比音"而"乐"，才能够淋漓尽致地显发出来。"诗言其志也，歌咏其声也，舞动其容也"，是在说人何以通过"乐"得以践形的三个层面。"志"为心之所之，是人生价值选择的结果。

《乐记》中表述得更为明显："故歌之为言也，长言之也。说之，故言之；言之不足，故长言之；长言之不足，故嗟叹之；嗟叹之不足，故不知手之舞之，足之蹈之也。"这是《乐记》将孔子"成于乐"的思想发挥到极致的一段"人学性"的表述，也是《乐记》对以"乐"践形的最佳状态极为精彩的艺术性概括。

《乐记》很重要的一点是讲人之所以为人的内在德性，以其巨大的原创力，从人的心中显发出来而不可遏止的状态。这固然是一种情感的推动作用，但是准确表达应该是道德情感的推动作用。正是在道德力量的鼓舞下，诗、歌、舞，一方面要疏导、释放经验层面的"血气心知"之"性"给人的牵绊与阻隔，另一方面又要存养、涵咏天、地、人互参的天地之性，以一种超越血气心知的热忱，穿越感性杂多的凡俗世界而抵达"天"的博厚、高明、悠久，以完成对人性的重铸。

因此，"情深而文明，气盛而化神"这一判断的根基在于"情深"。没有情之深，就没有文之明；没有文之明，就没有气之盛；没有气之盛，就没有化之神。化之神，正是情之深的根本追求。"和顺积中而英华发外，唯乐不可以为伪"是说，诗言其志，歌咏其声，舞动其容，"阳而不散，阴而不密，刚气不怒，柔气不慑，四畅交于中而发作于外"，风雨周还，和顺之至，积发于中的根本原因只是在于"乐"，率直、本真、天人冥合地表达了"情之深"，也下学上达地超拔了"情之深"。至此，可以看到"气则华而上"向"德之华"的转型。

没有"性之端"，"德之华"就不可能有呈现的力量；没有"德之华"，"性之端"就不可能显发出它博厚、深邃与高远。"性之端"的深邃与高远之所以在《乐记》中能够扩充为现实中活生生的"性"，其中还有一个重要的原因，那就是"乐"的内容具有历史的厚重感。

"宽而静、柔而正者宜歌颂。广大而静、疏达而信者宜歌大雅。恭俭而好礼者宜歌小雅。正直而静、廉而谦者宜歌风。肆直而慈爱者宜歌商。温良而能断者宜歌齐。"（《礼记·乐记》）

《乐记》正是要通过"风""雅""颂""齐""商"，艺术与历史的交融来达到"乐则安，安则久，久则天，天则神""致乐以治心"的目的。一方面是历史的积淀与深邃，另一方面是艺术的流畅与空灵。二者交互作用，才能真正实现"践形"，在行云流水般的境界中充满礼与乐互补、理性与自由共存的内涵。

因此，《乐记》所表达的真正含义则是要将"天之性""性之端"在"血气心知之性"的基础上扩充为宽而静、柔而正，疏达而信、恭俭而礼，正直而廉谦、肆直而慈爱、广大而高远的人学世界，在人的音容笑貌之中，显发出"郁郁乎文哉"的精神。

《乐记》的心理学教育智慧

《乐记》心理学教育智慧主要体现在音乐与心理的关系、乐对情感的影响、乐对性格的影响等方面。

1. 音乐与心理的关系

（1）"凡音之起，由人心生也"的思想

《乐记》中提出"凡音之起，由人心生"的观点。音乐的产生是物动引起心动的产物，肯定了物是第一性的，它诱发并激活了人的内心，揭示了音乐与人的心理活动之间的因果关系，从而明确了音乐的产生是人在实践中内心活动的产物，同时人类丰富的心理活动不断赋予音乐以新的表达内容。正所谓"凡音之起，由人心生也，人心之动，物使之然也"（《乐本篇》），因此音乐是物动、心动、情动这一过程的产物，所以它必然与人的心理有着千丝万缕的联系，并且在音乐实践活动中反映和影响人的心理。在《乐本篇》中，作者进而谈到了人类各种不同的情感并不是人的本性所固有的，而是人心感应外物使内在感情激动起来的结果，于是反映人类内心活动的音乐便有所差异。因此，在没有任何文字或图片的解释说明下，直观地感受一首乐曲，听者便可以读懂音乐中所表达的各种不同的情感，那些不同节奏、速度、力度的声音把作曲家内心丰富的情感一一呈现出来，使听者不禁沉浸其中，与之同喜同悲。正因为音乐是人内心情感活动的产物，直接表现和影响着人的心理，故而古人非常重视音乐与心理之间的相互联系，十分注重用音乐培养和塑造人，使其具有良好的心理品质，孔子在教学中就把音乐的教育置于非常重要的位置，同时他本人也曾向当时著名的乐师学习音乐以陶冶心性。

（2）"致乐以治心"的思想

《乐记》中"致乐以治心"的思想鲜明地反映了儒家乐教的思想，并为音乐的物理运动即乐音的运动和精神信息即情感的表达，对人心理和生理具有影响作用，使人具备中正平和的良好心理状态和生理状态的结论提供了理论依据，同时也是音乐具有养身功效的理论的依据之一。音乐在表现人内心情感的同时，会反作用于人的心理，"乐必发于声音，形于动静，人之道也；声音动静，性术之变，尽于此矣。"音乐能把人的天赋情性和各种变化都充分地表现出来，从而使人内心的情感得以诱发和宣泄，进而使人的内心得以净化，身心处于一种纯净安祥的状态。《乐记》中写道："乐以和其声……乐者天地之命，中和之纪，人情之所不能免也。"音乐是使人们性情平和的重要手段，音乐之于人类并不是可有可无的东西，而是人们表达内心情感，陶冶心灵不可或缺的精神食粮。不同的音乐作用于人的心理会产生与之相适应的感受。音乐是所有艺术形式中最直观的一门艺术，它对人心理的影响也是最直接的。在音乐纵横流淌的同时，人的内心也随之跌宕

141

起伏，久而久之音乐便悄无声息地影响着人的心理，净化着人的心灵，从而使人始终处在一种良好的身心状态之中。

2. 乐对情感的影响

《乐记》认为，音乐可以表达情感。"乐也者，情之不可变者也……礼乐之说，管乎人情矣。""夫乐者乐也，人情之所不能免也。"音乐是人感情的表现，音乐离不开情感。人生在世，孰能无情，因此人人都需要音乐，"人情之所不能免也"。

音乐是人情感的表现，情感能影响音乐，音乐能影响情感，所以不同的情感可以从不同的音乐中表现出来。这在《乐记》中有详细描述："乐者，音之所由生也，其本在人心之感于物也。是故其哀心感者，其声噍以杀；其乐心感者，其声啴以缓；其喜心感者，其声发以散；其怒心感者，其声粗以厉，其敬心感者，其声直以廉；其爱心感者，其声和以柔。"意思是说，抒发悲哀的情感时，发出焦虑急促的声音；抒发快乐的情感时，发出舒畅和缓慢的声音；抒发欣喜的情感时，发出粗暴严厉的声音；抒发敬重的情感时，发出直爽庄重的声音；抒发慈爱的情感时，发出柔和的声音。

以上这六种情感和相应的六种声音的变化，都不是出于人的本性，都是由感于物发生的，引起哀、乐、喜、怒、敬、爱等不同的情感，不同的情感以不同的声调表现出来。反之，由于人与人之间的感情是相通的，故表达不同感情的音乐也能影响听者的感情，引起听者的共鸣。

正如孔颖达在《乐言》疏上写道："乐出于人而还感人，犹如雨出于山而还雨山，火出于木而还燔木。"《乐记》说："夫民有血气心知之性，而无哀乐喜怒之常，应感起物而动，然后心术形焉。是故志微噍杀之音作，而民思忧；啴谐慢易繁文简节之音作，而民康乐；粗厉猛起奋末广贲之音作，而民刚毅；廉直劲正庄诚之音作，而民肃敬；宽裕肉好顺成和动之音作，而民慈爱；流辟邪散狄成涤滥之音作，而民淫乱。"意思是说，人是有感情冲动和认识的本能的，但哀、乐、喜、怒的变化是无常的，只有受到客观外在事物的影响，才能形成主观内在的情感和认识。所以当微弱、充满焦虑的音乐流行时，人们就产生了忧心忡忡的情感；当舒畅、和谐、缓慢、平易、内容丰富而有鲜明节奏的音乐流行时，人们便感到安康和快乐；当粗壮、威严、猛起猛落、充满激愤的音乐流行时，人们就感到刚强而有毅力；当庄重、正直、真诚的音乐流行时，人们就产生严肃崇高的情感；当舒畅、洪亮、流畅、柔和的音乐流行时，人们就会产生慈爱的情感；当邪僻、散乱、淫逸泛滥的音乐流行时，人民易产生淫乱的情感。

《乐记》强调音乐对情感的影响，这是十分正确的。一个时代，一个国家，当处于革命高潮时期或处于抗击外来侵略者时期，革命歌曲盛行，人民充满了革命激情，正义感压倒了一切歪风邪气。

现代心理学家的研究证明，音乐和情感之间的确存在着一种奇妙的联系。如《情感与形式》一书中写道，音乐的音调结构，与人类的情感形式——增强与减弱，流动与休止，冲突与解决，以及加速、抑制、极度兴奋、平缓而微妙的激发、梦的消失等——在逻辑上有着惊人的一致，这种一致恐怕不是单纯的喜悦与悲哀，而是与二者或其中一者在深刻程度上，生命感受到的一切事物的强度、简洁和永恒流动中的一致；这是一种感觉的样式或逻辑形式，音乐的样式正是用纯粹的、精神的声音和寂静组成的相同形式，音乐是情感生活的音调摹写。这段话更证明了《乐记》强调情感与音乐之间有着密不可分的联系的观点是很深刻的。

3. 乐对性格的影响

由于音乐是感情的体现，而感情是有个性特征的，所以音乐对人的性格能产生巨大影响。《乐记》列举了郑国、宋国、卫国、齐国不同特点的音乐对人意志和性格的影响的例子："郑音好滥淫志，宋音燕女溺志，卫音趋数烦志，齐音敖辟乔志，此四者皆淫于色而害于德，是以祭祀弗用也。"意思是说，郑国的音乐很复杂，使人意志放纵；宋国的音乐很妩媚，使人意志消沉；卫国的音乐很急促，使人的意志烦乱；齐国的音乐很古怪，使人意志傲慢。以上四种音乐，都是以声色丧志而损害品德的，所以不能登大雅之堂，祭祀时当然不能用这些音乐。

《乐记》还说："明乎商之音者，临事而屡断，明乎齐之音者，见利而让。临事而屡断，勇也；见利而让，义也。有勇有义，非歌孰能保此？"意思是说，商乐、齐乐是两种来源不同、内容也不同的古代歌曲，对人的性格产生不同的影响。熟悉商乐的人，遇事有果断性；熟悉齐乐的人，见利相让而不争。遇事能果断地解决，是勇敢的表现；见利相让是义气的表现。既勇敢又讲义气的性格，没有诗歌的感染力怎能保证形成呢？果断、勇敢、义气、谦让都是人的性格特征，音乐对这些性格特征是有影响的。《乐记》这种认为音乐能培养和影响人的性格的观点是有价值的。

《乐记》还认为，音乐表演应适合自己的个性特点。"夫歌者，直己而陈德也"，就是说，每个人要根据自己的德性来选择歌曲。"宽而静、柔而正者宜歌颂；广大而静、疏达而信者宜歌大雅；恭俭而好礼者宜歌小雅；正直而静、廉而谦者宜歌风；肆直而慈爱者宜歌商；温良而能断者宜歌齐。"意思是说，宽厚平静、柔和正直性格的人，宜于歌唱"颂"；胸怀宽大、直率诚实性格的人，宜于歌唱"大雅"；恭俭好礼性格的人，宜于歌唱"小雅"；正直平静、廉洁谦逊性格的人，宜于歌唱"风"；坦率慈爱性格的人，宜于歌唱"商"；温良果断性格的人，宜于歌唱"齐"。《乐记》提出六种性格的人各自宜于歌唱"颂""大雅""小雅""风""商""齐"六种诗篇，与《诗经》的同名诗篇是一致的。《乐记》的作者在2千年前已经发现了性格和音乐之间的关系，提出什么性格的人宜于唱什么歌曲的思想，这是难能可贵的。

孔子曾认识到音乐有感人至深的力量，但没有进行更具体的阐述。孟子发挥了这一思想，荀子的论述，尤为详细。而《乐记》则大大发展了这种观点，把音乐对人的情感、性格、意志等心理的影响，论述得更加深入和全面。

4.音乐养生的心理学思想

作为一部体现儒家乐教思想的重要文献，作者在《乐记》中运用了大量的文字对儒家的音乐思想进行了具体而详尽的阐述。而穿插其间的有关音乐养生思想的论述，则像一朵隐现于繁花丛中的小花，不时地绽放出独特的笑颜。《乐记》对这一思想的论述主要体现在以下三个方面。

（1）"大乐与天地同和"和"故百物不失"的思想

在《乐礼篇》中阐述了"大乐与天地同和"和"故百物不失"的和谐思想，认为音乐应像阴阳二气那样协和交融，像金、木、水、火、土那样先后有序，既阴阳刚柔、四气通畅地交流于体内又表现于音乐，各安其位而互不侵犯，使人听之体内诸气和谐通畅，达到修身养性的功效。音乐的和谐还可化育万物，"地气上齐，天气下降，阴阳相摩，天地相荡，鼓之以雷霆，奋之以风雨，动之以四时，暖之以日月，而百化兴焉，如此则乐者天地之和也。"

今天这种"和谐化育万物"的思想已经在实践中得到了体现，音乐已被科学地运用于动物饲养和植物栽培等养殖技术领域，作为催奶、催蛋、催花果、促生长的手段。

我们有理由相信，随着科学技术的进步，人类认识和运用音乐的能力会不断提高。音乐不仅仅是欣赏品，不是只可听而不可用的，它可以实实在在地服务于大众生活。

《乐记》认识到宇宙万物是彼此相连的统一整体，而"和谐"则是统一的关键，其思想与《周易》记载的阴阳和五行是构成宇宙万物之内核，二者密不可分，五行既互相滋生助长，而又互相克制，加上阴阳变化中的强弱、旺衰等而构成万物荣枯生灭的发展态势的思想是一脉相承的，为"乐具有养生功效"的思想确立了依据。

（2）"乐"生"气"，"气"养"身"的思想

在《乐象篇》中，作者把乐的表象即音乐的音响形态分为"正声"和"奸声"，认为奸声感人会使体内产生逆气；正声感人使人体内产生顺气。

"奸声"节奏紊乱、感情放纵，音调缓慢时包含着邪恶，音调急促时挑动着欲念，引起逆乱的风气，灭绝平和的德性。因此，当这样的音乐感染人时，人内心的逆气就会应和它，从而失掉了气的和谐，使人"百体皆不顺正"而"乐得其欲"，直接有损于身心。

"正声"则是儒家推崇的雅、颂之乐，使人心境快乐而不放纵，条理分明而不呆板，音调变化足以感动人的善心，而不使邪气影响人们。当人们沉浸其中时，内心的顺气就会应和它，使体内的气流通畅、

145

血气平和、耳目聪明、心情愉快，有利于人的身心健康。

宋代著名文学家欧阳修在《送杨寘序》中就谈到了自己用音乐养身的体验："吾尝有幽忧之疾，退而闲居，不能治也。既而学琴于孙友道滋，受宫音数引，久而乐之，不知其疾之在体也。"他学琴使自己长久地沉浸于音乐之中，从而使身心处于愉悦和顺的状态，久而久之，身体的不适便消失了，精神便愉快了。

（3）"礼乐不可斯须去身"

音乐具有养生的功效，因此沉浸其中"听其雅、颂之声志意得广焉，执其干戚，……容貌得庄焉"，使人产生正直、善良、慈爱的心情，于是就有了愉快的心情，于是内心安详了，于是性命就长久了。所以作者感叹道："礼乐不可斯须去身"，礼乐实在不可有片刻的离身呀！音乐的养生功能很早就被我们的先人认识到了，元代名医张子和在治疗悲伤过度的病人时，常请艺人跳舞、歌唱来配合药物治疗。

今天，音乐养生功效的理论已经在音乐心理治疗的实践中得到了验证。在医疗中代替麻醉镇痛，在手术室、牙医治疗室和产房播放柔和悦耳的音乐以缓解病患的紧张恐惧心理和病痛，在生产车间、服务行业交通工具等众多场所作为优化环境的背景音乐，这些都是在充分利用和发挥音乐调节人身心的养生功效。当然，音乐心理治疗只是一种辅助性的治疗手段，但是随着现代科学的迅猛发展，以及人们对于自身精神需求的逐渐增长，音乐与健康的关系已经被愈来愈多的人认识到，并且日益重视，相信人们在与音乐亲密交流的过程中会更加深切地体验到音乐所带来的妙不可言的心理感受。

《乐记》的教化功能

我国上古时期就有礼乐教化的传统，西周时期的周公"制礼作乐"，使礼乐教化得以完善和发展，形成了一套完整的制度。春秋战国时期，以孔子为代表的儒家认为人"兴于诗，立于礼，成于乐"（《论语·泰伯篇》）。所以，要用礼制来引导人民，用音乐来和合人民，用政治来统一人民的行动，用刑法来防止人民的奸邪。在他们看来，乐与礼、刑、政的终极目标是一致的，都是用来统一人民思想、维护社会安定和完成天下治理的手段。他们认为，乐是教育民众最重要的方法。因而，要推广正乐以成就教化。儒家的乐教思想对现代德育仍然有一定的启示意义。

1."乐教"的理论依据

《乐记》作为一篇经典的儒家乐论著作，它对儒家乐教何以成人这一问题有着精彩的论证。从感物心动的心性论基础，到乐的形式设计、主体的身心变化，再到乐教的成人境界，《乐记》全面揭示了儒家乐教思想。

对《乐记》的理解必须从感物心动的心性论基础入手。心物关系是我们理解《乐记》乐教思想的一个理论本源，也是理解儒家为何要进行乐教的理论前提。

《乐记》通过性、欲、情三个范畴厘定了其对心性的看法。《乐记·乐本》说："人生而静，天之性也。"《乐言》说："夫民有血气心知之性，而无哀乐喜怒之常。"可以看出，《乐记》对人性的看法和告子"生之谓性"（《孟子·告子上》），以及荀子"生之所以然者谓之性"（《荀子·正名》）、"凡性者，天之就也，不可学，不可事"（《荀子·性恶》）的观点相近，认为性乃人之为人的基本属性，是一种未发的宁静之界。

以此为基点，《乐记》开始展开其"心性论"的论述。性虽然是一种纯然的境界，但它有一种向外欲求的本能（人所固有的一种官能），所以"感于物而动，性之欲也"。在以往的理解中，把欲也看作一种情。但事实上，欲虽然和情不可分割，但它又不是情，而是性的一种主动向外感物的"欲求"本能，它通过感应外物使性由静生动。经由外物和性的契合，则"应感起物而动，然后心术形焉"（《乐言》）。由此，性经过"欲"必然导致"心术"的形成。"心术"为心与物交互作用形成的情之状态，这种情在《乐记》中有多种表述，如哀、乐、喜、怒、敬、爱之情，《乐本》说："六者，非性也，感于物而后动。"如好恶之情，《乐本》说："物至知知，然后好恶形焉。"由此，《乐记》对静之性的论述转化为动之情的论述。

情是《乐记》中的一个核心范畴，《乐记》中的美学思想都是围绕着"情"展开的。既然"感于物而动，性之欲也"，那么情就有产生的必然性。虽然人本性"无哀乐喜怒之常"，但又必然会产生"哀乐喜怒"之常。情处于物和性、欲的契合点上，受到两方面的推进。一方面，情受到欲的推动难以控制；另一方面，情又受到物的推动不断变化。故情必然会不断变动、难以控制，随着"物至知知"（郑玄注：知知，每物来，则又有知也，言见物多则欲益众），就会导致《乐本》中所描述的这种状况："好恶无节于内，知诱于外。不能反躬，天理灭矣。夫物之感人无穷，而人之好恶无节，则是物至而人化物也。人化物也者，灭天理而穷人欲者也。于是有悖逆诈伪之心，有淫泆作乱之事。是故强者胁弱，众者暴寡，知者诈愚，勇者苦怯，疾病不养，老幼孤独不得其所，此大乱之道也。"所以，情的不断变动难以控制，性又蕴涵着一种迷乱的危险，为了避免这种危险的发生，人就必须对情有所作为，而乐教正是在这种情况下具有了一种制度设计的必要性。

那么，乐何以节情呢？首先面对的是乐与情的关系。为了更好地说明乐和情的关系，《乐记》从外在之乐（包括声、音、乐）和内在之情两个方面对乐情关系进行了论述。

从外在之乐看，为了说明乐，《乐记》区分了声、音、乐三个概念。"感于物而动，故形于声。声相应，故生变；变成方，谓之音。比音而乐之，及干戚羽旄，谓之乐。"（《乐本》）可以看出，声是一种生理现象，它构成音和乐的基础。音和乐则虽然也是一种声，但它们又属于一种特殊的声；音是按照一定规律组合起来的特殊之声（相应之声、成方之声），它是一种纯粹艺术形式；乐则是诗、歌、舞结合在一起的特殊之音，它是一种社会艺术形式。音作为一种纯粹艺术形式，是受情驱使的，情的样态直接决定了音的样态。所以，音是流动随意的，只听从情的驱使。根据不同情的驱使，音则表现出"溺音"和"德音"二种类型。子夏在回答魏文侯关于古乐和新乐的问题时，就把魏文侯所好的新乐称作"溺音"而排除在乐的范围之外，子夏说："今君之所好者，其溺音乎"。可见，在子夏那里，当时诸侯喜欢的新乐、今乐都只属于音还不是乐。除了"溺音"，还存在一种"德音"。子夏说：

"天下大定，然后正六律，和五声，弦歌诗颂，此之谓德音"这种"德音"就是乐。"德音之谓乐"，"乐者，通伦理者也"。可见，乐与音的差别既体现在外在形式上（比音而乐之，及干戚羽旄，谓之乐），又体现在内容上（德音之谓乐；乐者，通伦理者也），后者更是乐区别于音的本质特征。乐作为一种社会艺术形式，在满足情的需要的同时，还要顾及社会的需要，避免大乱的发生。

从内在之情来看，声、音、乐都属于"感于物而动"的情的产物，三者对应于不同的主体情态。声作为一种生理现象，是音和乐出现的基础，它本身是感物心动的必然结果，所谓"情动于中，故形于声"。民有"血气心知之性"，血气感物而动，而使自身由静而动，始生流动之逆气、顺气。所以，声对应于情的逆气、顺气流动状态；作为"成文"之声的音，是按照一定规律把"声"组合起来而形成的，它与声所对应的逆气、顺气紧密关联。不过，音与声不同，它对应的是一种"成象"的逆气和顺气，即经过一定形式组合的逆气和顺气才产生了音。所以《乐象》说："凡奸声感人，而逆气应之。逆气成象，而淫乐兴焉。正声感人，而顺气应之，顺气成象，而和乐兴焉。"这里的"淫乐"实际指的是音。音中的德音为乐，"成象"之气中的顺气则为乐对应的情之样态。这是一种肆意妄为的情感的调和状态，是一种"阳而不散，阴而不密，刚气不怒，柔气不慑，四畅交于中而发作于外，皆安其位而不相夺"（《乐言》）的"顺气成象""生气之和"。所以，乐对应的是一种阴阳刚柔、和顺通畅的情之状态，它是对肆意妄为、变动不拘的主体之气的整合与调和，是一种自由愉悦的"乐"之情态。故《乐象》说："乐者乐也。"

可见，作为外在形态的声、音、乐和主体形态的情有着不同的对应关系。明白了这种乐和情的关系，乐与情的交互作用就自然显现出来了。一方面，情必然诉诸于声、音、乐；另一方面，声、音、乐对情也具有一种必然性的作用。民有血气之性，气流动不居，分有逆气、顺气，"成象"的逆气顺气、生气之和等多种样态，这些样态必然发而为声、音、乐。逆气发为奸声，顺气发为正声；"成象"逆气发为溺音、淫乐；"成象"顺气，"生气之和"发为德音、和乐。而作为诗、歌、舞合一的乐则正是人情必然诉诸的一种表达方式,所以《乐情》说:"乐也者,情之不可变者也。"《师乙》也说:"说之,故言之;言之不足,故长言之;长言之不足,故嗟叹之;嗟叹之不足,故不知手之舞之,足之蹈之也。"通过这种区分,《乐记》把外在之乐和内在之情的互动作用呈现出来,其目的就是要在外在之乐中去除奸声、溺音而突显乐,在内在之情中澄汰逆气、"成象"逆气而突显"成象"顺气、和气。而这正是儒家乐教制度设计的理论基础。

2. "乐教"的运行机制

情必然诉诸于乐,乐也必然作用于情。这种必然性使得乐在教化上有着诗教、礼教所不具有的优越性。儒家正是深刻地认识到了这一点,才格外地重视乐教的成人之用。所以《乐本》说:"知乐则几于知礼矣。"《乐施》说"其感人深,其移风易俗,故先王着其教焉。"《乐言》说"使亲疏贵贱、长幼男女之理,皆形见于乐,故曰:'乐观其深矣。'"

《乐化》说:"致乐以治心,则易直子谅之心油然生矣。""夫乐者乐也,人情之所不能免也。乐必发于声音,形于动静,人之道也。声音动静,性术之变,尽于此矣。""故听其雅颂之声,志意得广焉;执其干戚,习其俯仰诎伸,容貌得庄焉;行其缀兆,要其节奏,行列得正焉,进退得齐焉。"《性自命出》中也强调了"乐教"的这种优先作用:"乐,礼之深泽也。凡声,其出于情也信,然后其入拨人之心也厚。"

明白了乐和情的互动作用和乐教成人的重要性,儒家按照乐与情的作用原理对乐教的运行机制进行了设计:一方面是乐的外在形式设计;另一方面是在乐作用下相对应的主体身心变化机制。由于感物心动遵循"倡和有应,回邪曲直,各归其分。而万物之理,各以其类相动也"(《乐象》)的同构原则,为了达成对情的化育、感染的功效,使肆意妄为的情能得以调和通畅,乐作为一种人为的艺术形态在外在形式设计上就必须不同于其他之物(如郑声、溺音等)。乐的形式设计上要"稽之度数",即必须"声依永,律和声,八音克谐,无相夺伦"(《尚书·舜典》),必须"正六律、和五声,弦歌诗颂"(《乐记》)等。总的而言,乐必须具有"中和"的形式之美。"中和"要求的是多样性的统一(《国语·郑语》载:"声一无听,物一无文,味一无果。")

和对立面的相济（《左传·昭公二十年》载："先王之济五味，和五声也，以平其心，成其政也……清浊、小大、短长、疾徐、哀乐、刚柔、迟速、高下、出入、周疏，以相济也。君子听之，以平其心，心平，德和。"）。所以孔子说："乐则韶舞。远郑声，远佞人。"（《论语·卫灵公》）只有具有这种外在形式的"乐"才能致使情感的充盈而不滥，"乐而不淫，哀而不伤"（《论语·八佾》）。除了在声律设计上的要求，乐教还通过歌唱、乐器演奏、舞蹈动作等肉体活动的设计进一步来促使情感的和而不流。强调学乐者自身的参与是乐教的一个重要特点。孔门成人之法就极为注重践履功夫。孔子强调"行有余力，则以学文"（《论语·学而》），故"子与人歌而善，必使反之，而后和之。"（《论语·述而》）这种"一倡而三叹"（《乐本》）的参与过程实际上是身体的调动过程，通过歌唱、演奏、舞蹈等肉体性规范动作可以使"乐"具有和"礼"相通的品质，从而能更有效地规范身心。因此，《乐记》认为乐教必须"诗言其志也，歌咏其声也，舞动其容也。"（《乐象》）《宾牟贾》篇里就借孔子之口对铿锵鼓舞的"武"乐从动作和结构两方面与道德的关联进行了详尽分析。根据感物心动原则，在中和的形式美和肉体性动作的强化之下，主体身心也必然会发生变化。

"乐盈而反，以反为文。"（《乐化》）"君子反情以和其志，比类以成其行。"（《乐象》）"反情""比类"正是在乐的相动之下主体身心的变化机制。郑玄注："反谓自抑止也。"孔颖达疏："反情，谓反去淫弱之情理，以调和其善志也。"乐的中和形式和肉体性规范动作使得心志抑止功能自律的发生功效"不使放心邪气得接焉"，而澄汰逆气、"成象"逆气而突显"成象"顺气、和气，使得主体身心不至于泛滥流放偏于一端而能"如琢如磨"，从而使得情与志、情与性、身与心和谐圆融，进而能攀升到人的道德理想境界。通过乐来化育主体之情，进而化育整个人的心身，体现了儒家思想的心性修养理路。正如《乐象》所说："是故情深而文明，气盛而化神。"《乐化》所说："使其声足乐而不流，使其文足论而不息，使其曲直繁瘠、廉肉节奏足以感动人之善心而已矣。"这种由情攀升到道德的过程同时也是"比类"的作用。比类，即"比拟善类"（孔颖达疏），就是把"乐"对情的化育、感染之功效推广类比到人的身心，以转化、唤起人的道德。《性自命出》也说："圣人比其类而论会之。"比类和兴有相似之处。根据礼乐文化中诗、乐、舞合一的要求，"诗可以兴"也可以说"乐可以兴"，兴者，孔安国说："兴，引譬连类。"邢昺疏说："诗可以令人引譬连类，以为比兴也。"朱熹注说："感发意志。"至杨伯峻《论语译注》，则直释为"联想，由此而想及彼。"这些注解都是较为妥帖的，都表明的是诗乐由个别上升到普遍的道德伦理，由诗乐而感发志意。在这种"乐"所激发的情感状态中，人则能"反躬""反情"，自然而然达成儒家的"成人"境界。

3. "乐教"的内容

《乐记》强调，对音乐内容要控制和挑选才能进行有成效的乐教。它认为，不是所有的音乐都能对人起到好的教育作用，所以应当选用先王所制的"礼乐""德音"来教化人民。"然后圣人作为父子君臣，以为纪纲。纪纲既正，天下大定。天下大定，然后正六律，和五声，弦歌诗颂，此之谓德音。"德音包含了亲疏贵贱、长幼男女之理，"足以感动人之善心"。

《乐记》认为乐教应包含以下三方面的内容。

第一，道德教育。《乐记》强调用"德音"来施教，使人民的言行举止都符合封建伦理道德规范的要求："故听其雅颂之声，志意得广焉；执其干戚，习其俯仰诎伸，容貌得庄焉；行其缀兆，要其节奏，行列得正焉，进退得齐焉。"以乐教来辅助德育，是乐教的主要任务。《乐记》说："唯乐不可以为伪。"只有音乐是不能作伪的。音乐是品德的花朵，是品德的声音，是人的德性的真实表现，是人的真情流露。音乐既有披心露腹的抒情作用，又有潜移默化的教育作用，音乐能感化人心，培养人的道德品质，并进而使人形成道德行为习惯。总之，《乐记》认为音乐有助于道德教育。

第二，音乐知识教育。《乐记》中的乐，是诗、歌、舞三种文化的总汇，它包含着音乐、舞蹈、文化、艺术等多方面的知识与技艺。如"钟鼓管磬，羽干戚籥，乐之器也；屈伸俯仰，缀兆舒疾，乐之文也。""金石丝竹，乐之器也。"进行乐教的过程，也就是对人民传授音乐文化知识的过程。

第三，情感教育。《乐记》认为，乐与人的感情密切相关。乐既是人们感情的表现，又能对人的感情产生深刻的影响。所以，进行乐教的过程，也是对人民进行情感教育的过程。

《乐记》认为，乐教一定要与礼教相结合，因为礼乐是相辅相成、互为补充的，所以应用平和的、发自内心的、近乎仁的"乐"来关怀、引导人民百姓，同时又以区别差异的、发乎于外的、近乎义的"礼"来要求、教导人民百姓，才能收到好的教育效果。

《乐记》强调，乐教与礼教相结合，要在特定的场合下进行，才能收到预期的效果，如"乐在宗庙之中，君臣上下同听之则莫不和敬；在族长乡里之中，长幼同听之则莫不和顺；在闺门之内，父子兄弟同听之则莫不和亲。故乐者审一以定和，比物以饰节，节奏合以成文，所以合和父子君臣，附亲万民也，是先王立乐之方也。"君臣在宗庙里祭祀列祖列宗，一起倾听反映尊卑贵贱的音乐，才会在君臣之间产生"和敬"的效果；在族长乡里的特定气氛中，同族老幼在一起倾听反映长幼有序的音乐，才能获得"和顺"的效果；在家族闺门中，父子兄弟在一起倾听反映父慈子孝的音乐，才能获得"和亲"的效果。《乐记》认为人的声音与人的感情是一致的。正因为这样，所以通过音乐上声音的和谐一致，可以达到人们感情上的和谐一致。"审一以定和"，即是说，音乐演奏应当审定一个中声，不过高，不过低，演奏起来，自然"和"。音乐的声音和谐，它所产生的效果、抒发的感情也自然和谐。所以《乐记》希望通过音乐演奏的声音，来使本来不"和"的"父子君臣"能够"和谐"起来。《乐记》所谓"立乐之方"正在于此。这便是《乐记》阐述的乐教的方法和途径。

4. "乐教"的成人结果

虽然"乐以节情"，但经由乐教的"节情"却并非强制的"节"，而是人自觉的身心调整。乐教不是强制的礼法规训，也不是抽象的道德说教，而是在一种其乐融融的气氛中（乐统同）实现对情感潜移默化的道德教化，它是自律的、轻松的、快乐的。所以《乐象》说："乐者乐也。"它不是外在的强制，而是内在的引导；它不是与自然性、感性相对峙或敌对，不是从外面来主宰、约束感性、自然性的理性和社会性，而是在感性、自然性中建立起理性、社会性。

这种乐教产生的"乐"的"成人"结果一直是儒家最为欣赏的理想人生境界。在孔子那里，就是他所言的"从心所欲，不逾矩"（《论语·为政》）、"尽美矣，又尽善也"（《论语·八佾》）、"游于艺"（《论语·述而》）、"成于乐"（《论语·泰伯》）的道德境界。可以看出，孔子理想的人生境界实为一种审美化的道德境界。这种审美化的道德境界实现了情欲与道德、感性与理性的和谐圆融。

徐复观先生就说，"由心所发的乐，在其所自发的根源之地，已把道德与情欲，融合在一起，情欲因此而得到了安顿，道德也因此而得到了支持，此时情欲与道德，圆融不分，于是道德便以情绪的态度而流出。"道德以情绪的态度流出"表明乐乃至礼对于人来说，不是强制性的，而是主体自觉的精神皈依，这就是《乐记》所说的"乐者乐也"的人生境界。乐的人生境界与单纯的自然境界相比，有着理性的深度；与道德境界相比又有着感性的内涵。这种情欲与道德、感性与理性圆融的自由天地境界实乃儒家借助"乐教"要达成的最为理想的人生境界。

可以看出，今本《乐记》虽然是一个残本，但依然具有较强的体系性。它对儒家乐教制度设计的理论基础、运行机制、内容和"成人"结果等作了较全面的总结。明白这一点，是我们理解儒家礼乐文化的基础。

5. "乐教"对现代德育的启示

"乐教"对现代德育的启示，主要是要求注重以下几点。

（1）要注重对教育对象内心世界的培养

乐产生于人的内心世界。在儒家看来，乐是从音产生的，音是由声而来的，而声则是内心世界感知外在事物的结果。乐是内心感动的反应，人有感于外界物而心动，所以用声表现出来。不同的声彼此应和，发生变化而成为一定的形式，就成为音。排列这些音乐配上乐器演奏，就成为乐。儒家谈论乐总是与礼相对应的，他们认为，"乐"是从内心产生的，"礼"是外表反映的。内心世界的愉悦，才会通过"乐"

的形式表现出来。

《乐记》的乐教主张，启示我们在德育过程中，要关注人内心世界的发展，要关注人内心世界的培养，要使德育能够抵达教育对象的内心世界，要使教育对象在内心里接受教育的内容和要求。不能否认，德育要让教育对象接受社会的规范，而这些规范是表现为外在的要求。但是，外在的规范只有内化为内在的需要才有意义。因而，无论外在的教育形式如何，都要为心灵世界的内化服务。没有心理世界对教育内容的真正接受，就不能说德育收到了效果。所以，我们应把握教育对象心理世界，真正读懂学生的所想、所需、所急，实现社会要求和对象心理世界的有效沟通，进而让对象在心里接受社会要求的价值和规范体系。

（2）要注重对教育对象和谐精神的培养

"乐"的最大功能在于"和合民声"。在儒家看来，乐是生自内心的欢乐，和谐顺正精神蓄积心中，音乐的精彩才能展现出来。"乐"象征着天地的和谐，天地之气流动不止，合和阴阳，化育万物，为表现天地万物的和谐，因而兴起了"乐"。"乐"能敦睦亲和，使人欣喜欢爱，"乐"是为了和合人的情感而产生的。乐教施行，人们就互相尊敬、互相关爱。现代德育要解决社会要求和教育对象思想水平现状的矛盾，但更要注重和谐精神的培养。

《乐记》关于乐教"和合民声"的主张，其一启示我们在德育的过程中要注重教育对象自我身心和谐的培养。身是心的基础，心是身的机能，一个人只有身心和谐发展才能健康成长。身心的和谐发展也包括智能与德性的和谐发展，智能的发展是德性发展的基础，协性发展会促进智能的发展。身心和谐是身心和谐与智能和德性的和谐统一。

其二启示我们在德育过程中要注重个人与他人的和谐发展。一方面，人是社会中的人，人必须与他人交往才能生存发展，只有与他人建立和谐的关系，才能更好地生存发展。"乐者为同，……同则相亲"。另一方面，人必须接受社会规范，这也是调节人与人关系的准则，遵守社会规范是与他人关系和谐的要求和体现，社会规范的目的就是规范人际关系。对和谐精神的培养，内涵着个人的身心和谐、个人与他人的和谐及个人与社会的和谐。

（3）要注重对教育对象的熏陶感染

在儒家看来，人内心的灵动，因外界事物的触发而有声，声以不同的形式而形成音，音以不同的器物演奏就成了乐。可见，乐不是以"意思"语言表达心声，而是以组合起来的特殊声音表现内在的心声。儒家所以主张用"乐"来进行社会教化，是因为音产生于人的内心，乐可以通伦理人事。它可以使民心向善，可以感人至深，容易移风易俗，改变民情风俗，即乐教可以达到"此处无声胜有声"的作用。儒家既看到了"乐"的"和合"功能，又看到了"乐"的教化功能，即通过乐教的实施，通过潜移默化来移风易俗，进而达到社会教化的目的。

《乐记》的这一思想启示现代德育，其一，在满足对象需要的过程中实现社会的需要。乐以特殊的方式使教育对象愉悦身心的需要得到满足，而对象身心的愉悦就实现了社会教化的一定需要。一方面教育对象的身心愉悦是社会愉悦的有机构成，另一方面教育对象身心愉悦才会愿意接受此声。其二，要注意用潜移默化的形式来实现教育目的。我们既要在教育过程中明确社会规范要求，明确社会的价值观，又要注意用潜移默化的教育形式来实现教育的目的和要求。我们要学会把社会的规范要求和价值观渗透在活动之中，让教育对象在娱乐中接受社会的规范要求，进而实现德育的目的。

第二章

现代名著中的教育思想

《蔡元培教育文集》中的教育思想

作者简介

蔡元培（1868—1940），浙江绍兴人，原籍浙江诸暨，民主主义革命家和教育家。蔡元培数度赴德国和法国留学、考察，研究哲学、文学、美学、心理学和文化史，为他致力于改革封建教育奠定了思想理论基础。蔡元培曾任教育总长、北京大学校长、人学院院长、中央研究院院长等职。他为发展中国新文化教育事业，建立中国资产阶级民主制度作出了重大贡献，堪称"学界泰斗、人世楷模"。他提出了"五育"（军国民教育、实利主义教育、公民道德教育、世界观教育、羡感教育）并举的教育方针和"尚自然""展个性"的儿童教育主张。他试图通过贫儿院的试验和推广，逐步以学前儿童公共教育替代当时的家庭教育，最终实现学前儿童公育的理想。他是我国近现代美育的倡导者，主张从家庭教育、学校教育、社会教育三方面实施美育，设想通过胎教院、育婴院、幼儿园三级机构实施学前儿童美育。他把胎教作为美育的起点，让婴儿及其母亲生活在由自然美和艺术美构成的环境之中，认为幼儿园的美育一方面通过舞蹈、唱歌、手工等美育的专题进行；另一方面则要充分利用其他课内涵的美育因素，如计算、说话等，同时也要从排列上、音调上迎合他们的美感，不可枯燥地讲算法与语法。他的教育论著有《蔡元培教育文选》《蔡元培教育论著选》等。

内容精要

蔡元培是近代中国杰出的教育家，他的教育思想和教育实践在很大程度上反映了教育发展的共同规律，对我们今天仍有鲜活的借鉴和启迪意义。

书中教育思想

蔡元培非常重视健全人格教育，提出"五育"并举的主张。1912年初，蔡元培在出任教育总长时提出了"在普通教育，务顺应时势，养成共和国民健全之人格"的教育方针。同年2月，他在《对于新教育之意见》中，提出军国民主义教育、实利主义教育、公民道德教育、世界观教育及美感教育等五项主张。他把教育分为"隶属于政治"与"超轶乎政治"两类。"隶属于政治"的有军国民教育、实利主义教育和道德教育三者；"超轶乎政治"的则是世界观教育及美感教育、实利主义教育和道德教育三者。他认为，两类五种教育均不可偏废。为了强兵富国，需要军国民教育和实利主义教育，但"必以道德为根本"。公民道德即"自由、平等、亲爱"，亦即儒家的"义、恕、仁"。他把欧洲资产阶级道德观念同中国儒家的传统道德观念糅合在一起，主张培养现实社会的完全的人格。但教育的终极目的在于追求超现实的实体世界，使人达到最高精神境界，因此还必须有世界观教育，即引导受教育者超脱现世，领悟最高精神境界的教育。他认为，这种世界观教育是知、情、意、德、智、体诸者的统一体。从现象世界进入实体世界，不能依靠经验或理论，应依靠浑然直觉的美感，美感是两个世界的桥梁。他主张"以美育代宗教"，各级学校、各种社会活动都要进行美育。蔡元培提出的教育思想体系，是以军国民教育、实利主义教育为急务，以道德教育为中心，以世界观教育为终极目的，以美感教育为桥梁的教育思想体系。

"思想自由""兼容并包"是蔡元培任北京大学校长时提出的办学方针。他认为大学的性质在于研究高深学问。大学是"囊括大典，网罗众家"的学府，应该广集人才，容纳各种学术和思想流派，让其互相争鸣，自由发展。墨守成规，抱残守阙，持一孔之见，守一家之言，实行思想专制，是不可能使学术得到发展的。他说，对于学说，仿世界各大学通例，循思想自由原则，取兼容并包主义，无论何种学派，苟其言之成理，持之有故，尚不达自然淘汰之命运者，虽彼此相反，而悉听其自由发展。他要求，对于教员，以学诣为主；对于学生要"以研究学术为天职，砥砺德行，敬爱师友。他鼓励学生兼听不同学派的

159

课，进行独立评判，并大力支持学生成立各种学会和研究会，培养学生自由思考和独立研究学术的能力。蔡元培主张学与术分校，文与理通科。他认为学与术，既有联系，又有区别，学为学理，术为应用，学必借术以应用，术必以学为基本，两者并进始可。但学与术虽关系密切，而习之者旨趣不同，所以治学者可谓之"大学"，治术者可谓之"高等专门学校"。至于文理资料，互有交错，治学者不可局守一门，应当沟通各科界限。在这一思想指导下，他把北京大学工科并入北洋大学，取消文理各科界限，并且改"学年制"为"选科制"，使学生能"专精之余，旁及种种有关系之学理"。蔡元培还提出"教育独立"的主张。他认为，教育是帮助被教育的人，给他能发展自己的能力，完成他的人格，于人类文化上能尽一分自己的责任；不是把被教育的人，造成一种特别器具，给抱有他种目的的人去应用的。所以，他认为，教育事业当完全交与教育家，保有独立的资格，毫不受各派政党或各派教会的影响，即教育事业应超然于各派政党或各派教会以外。

经典选读

小学教育对于国民教育及实利教育之商榷

小学教育者，纯粹之普通教育也。无论何人，其长成后，无论营何等职业，持何等信仰，居何等地域，皆不可以不受如是之教育，是之谓普通。如是，则定小学教育之主义，有二界说焉。

一曰当以受教育者之本体为标准，而不当以受教育者为何等他人或何等社会之器械而准—他人或一社会之需要以为标准。

二曰当以受教育者全体能力之发达为标准，而不当以其一部分能力之发达为标准。

18世纪以来，经卢梭、沛斯泰洛齐诸氏之提倡，旧时宗教教育，以宗教社会为标准，而专以发达信仰；然以近世帝国主义之激进，物质文明之狂热，而其影响于教育界者，亦有二弊焉。

一曰极端之国民教育。夫人类为社会性之动物，于其本性，即含有适应社会之能力，固不得有离绝社会关系之各人，而要亦不容有消尽各人价值之社会。世界进化，常分向极大及极微之两方面而进行，而于其间得调和之公例。天文学之所考察，日渐广远，而原子论之所发见，则日益精妙，然最微之电子与最远之恒星有共通之性质焉。群性之发展，自人道主义而达于动物之爱护；各性之发展，由居住身体而达于思想之自由，然对于群之义务、对于己之权利有并行不悖之规道焉。

　　国家者，群性所历之一阶级，介乎家族及世界之间者焉。自政治家翘国家以为至尊无上之群制。以国外之世界为其战场，而以国内之人民为其器械，而且恃政府之强权，强以此等主义行予小学主义之中，养成其尊慢己国、蔑视他族、蹂躏人道、增进兽性之习惯；对于所征服之民族，所殖地之区域，则又施其一种特别之教育，并举其固有之语言若列史而摧灭之。是岂群性之本义，抑亦少数强权者之妄念云尔。内之酿社会之傲扰，外之启世界之战争，其成效可睹矣。教育家而为服从公理、尊重人权起见，不可不予今日之极端国民教育加以矫正也。

　　二曰极端之实利主义。夫人类自有生以后，即不能遁乎厚生利用之范围。以记诵为常课、而摒除致用各科者，诚与人性相违。且教科过重抽象，则神经受过度之刺激，而且启情窦早开之弊。故普通教育中多列手工诸科，不得不视为至当。即如德佛伊氏一派，欲以烹饪、裁缝及金工诸工为一切科学之导线者，其理论之直当，所不待言。唯今日实利教育之趋势，殆有以致用诸科为足尽教育之能事，而摒斥修养心性之功者，则未敢以为然也。夫人生不过数十寒暑耳，其间困苦艰难之阅历，不知凡几，何以吾人不采厌世主义，而必认此生存之价值，此未尝以哲学之目的论演绎之，而特以归纳所得，人人有此生存之欲望。且求诸生物学，而知此欲望为生物之所公有，故吾人不能不认其价值耳。然人类于自求生存以外，又自有对于真善美之欲望，此亦非以哲学之目的论演绎之，而于心理学之实验归纳而得之。中古时代之教育，偏于一部分之心理，而不及生理一方面，诚为偏隘。今也，偏重生理一方面，而于心理一方面均漠视之，不亦矫枉而过其正乎？健全之精神，必宿于健全之身体，衣食足而后知荣辱，生理之影响于心理也有然；科学知识、美术思想为发达工艺之要素，利用厚生之事业，非有合群之道德心，常不足以举之，心理之影响于生理，不亦有然乎！夫通功易事之制，于今为盛。在职业教育以上，自不必有顾此失彼之顾虑。小学教育既以遵循天性、养成人格为本义，则于身、心两方面，决不可有偏废，而且不可不使为一致之调和。此则对于极端之实利主义而不可不加以补正者也。

体育者，循生理上自然发达之趋势，而以有规则之人工补助之，使不致有所偏倚。又恐体操之使人拘苦也，乃采取种种游戏之方法，以无违于体育之本义者为准。其用意如此而已。夫人类有游戏之嗜好，而儿童为尤甚。既有此种种娱乐之方法，一经厘定秩序，则生徒之乐于从事也，自较智育、德育诸科为甚，初不待别有助长之法也。技之有巧拙，力之有强弱，别为问题，于体育无与焉。

而近日教育界乃亦采奖励、竞胜等法，以为助长体育之作用，吾以为有害而无益。

一曰生理上之害。生徒之中，官能有钝锐之别，体力有强弱之差，于体育之本义何害？唯求以各以本身为标准，使不致过惰而不及其格，过激而转损其躯，此体育之本义也。一涉竞胜，则人人以好胜之故，而为过激之运动，所伤实多。且各种游戏，各有其裨补予生理上一部分之特长，故以体育之本义衡之，当循环演习，而不宜有所偏重。一涉竞胜，则人不能不择其可以制胜之技，而专门演习，则生理上一部分偏于发展，而其他部分不能与之适应，失体育之本义矣。

二曰教科体育与知育、德育必各保其平衡。知、德诸科，教育家皆知助长之为害，故积分之制，试验之制，皆渐即于淘汰。今于体育方面，特采奖励、竞胜之法，则生徒必缘此而于体育一方面为倍蓰之练习，而知、德各科，不免有所偏废矣。

三曰心理上之害。体育者，对于己之关系者也。一涉竞争，则为对于人之关系。未竞之先，有希冀之心。既竞以后，胜者，于己为骄矜，于人为蔑视；负者，于己为愧恧，于人为忮忌。是皆心理上之恶德也。故吾以为体育必排除奖（奖）励及竞胜等种种助长之方法，而一以生理学为标准。

（部分内容有删改）

《陶行知教育文集》中的教育思想

作者简介

陶行知（1891—1946），原名文濬，后改名知行、行知。祖籍绍兴会稽，生于安徽歙县。家贫，幼入私塾，15岁入歙县崇一学堂。光绪三十四年（1908）考入杭州教会办广济医学堂。当得悉要入教会之学生方可去医院免费实习时，愤而退学。宣统二年（1910），考入南京金陵大学文学系。民国三年（1914）毕业后考取公费留学，先后获美国伊利诺斯大学和哥伦比亚大学科学和文学硕士学位，成为美国著名实用主义教育家杜威之学生。回国后，任南京高师（后改东南大学）教授、教务长兼教育专修科主任。在"五四"运动影响下，于1919年7月提出教育要"自新、常新、全新"和"自主、自立、自动"之主张，并参加《新教育》杂志编辑工作，后任该杂志主编。1923年发起组织"中华平民教育促进会"，编写《平民千字课本》，推广平民教育。1926年发表《中华教育改进社改造全国乡村教育宣言书》，倡导乡村教育运动。1927年3月在南京创办"晓庄试验乡村师范学校"，提出"生活即是教育、社会即是学校"等理论；10月在萧山湘湖创办"浙江省立乡村师范学校"。1931年发起"科学下嫁"运动，从事科学普及工作。1932年组织生活教育社，创办山海工学团，倡导"教学做合一"教育活动。"一二·九"运动后，他积极投入抗日救亡运动，提倡国难教育、战时教育，在重庆先后创办育才学校和社会大学。1945年加入中国民主同盟，当选为中央委员兼民主教育委员会主任委员，主办《民主》周刊。1946年7月病逝于上海。毛泽东同志题词"伟大的人民教育家"。著有《中国教育改造》《中国大众教育问题》《古庙敲钟录》等。现已出版《陶行知教育文选》《陶行知全集》等。《中国近现代人名大辞典》等有录。

内容精要

陶行知是"五四"前后中国教育改造的旗手，他坚持从中国国情出发，办中国人民所需要的教育。本书汇集了陶行知先生平生教育教学研究与实践的精髓，行文深入浅出、通俗易懂，从"教学合一""学生自治""平民教育""学校观""创造的儿童教育""民主教育"等各个方面集中体现了陶行知先生的"生活即教育"及"知行合一"的独特教育思想，其经过八十多年的考验，不仅仍有很高的学术价值，而且对今天的中国教育改革还具有很强的借鉴价值和指导意义。

生活教育之"生活"与"教育"，皆属生活世界之"生活"与"教育"，亦即四通八达社会中的"生活"与"教育"。生活教育是生活世界中最为重要的组成部分。

1. 动态的教育目的

生活目的即教育目的。"教育的根本意义是生活之变化。生活无时不变，即生活无时不含有教育的意义。"生活在变化中无时不出现问题和困难，"教育的目的，在于解决问题，所以不能解决问题的，不是真教育"。生活在不断发展，不断生长，不断积累社会经验。"教育是社会经验之改造。"教育过程即是对生活世界中的社会经验不断改组，不断改造和不断发展的过程。

2. 教育产生力量

"教育是一种行动。""教育就是力的表现或变化。世界是力创造的，所以解决困难也必须拿力来才行。"教育产生生活力或创造力，这些"力"产生的大小取决于是否用多数人的力、行动的力、有组织的力、自动的力和手脑并用的力。"唯有从行动上得来的真知识，才是真的力量"。

3. 行动的两条路线

"现在英、美、法、意、日、俄的教育都注意到教劳心的人劳力，教劳力的人劳心，尤以俄国为显观。中国的教育自然也应该走这两条路线——教读书的人做工，教做工的人读书。"根据这两条路线，陶行知创立工学团。用他的话说，这是"知识分子与生产分子的合作"，

"就好比是阴阳电之配合，两者配合后，就可以有很伟大的力量发生出来"。这个伟大的力量就是社会创造力。

4.手脑双全、自立立人的教育目标

"手和脑在一块儿干，是创造教育的开始；手脑双全，是创造教育的目的。""滴自己的汗，吃自己的饭，自己的事自己干。"要"自立立人""自卫卫国"。陶行知对其具体要求有过多次阐释，直到1945年，他明确为："健康、科学、劳动、艺术及民主将构成和谐的生活。"而且以"民主第一"为指导原则。

5.从教育上谋生活出路的七条原则

从学校到社会、从书本到生活、从教到做、从被动到自动、从士大夫到大众、从轻视儿童到信仰儿童、从平面三角到立体几何，这是生活教育理论体系的轮廓。"平面三角"指荀子批判小人的学习所用的话语，"小人之学也，入乎耳、出乎口。口、耳之间，则四寸耳"（荀子《劝学》）。"立体几何"指"教学做合一"。这七条原则见《生活教育提要》。这五个方面的主张综合起来可用一句话概括："要从整个生活出发，过整个的生活，受整个的教育。"

书中教育思想

陶行知先生毕生致力于教育事业，对我国教育的现代化作出了开创性的贡献。他不仅创立了完整的教育理论体系，而且进行了大量的教育实践。细考陶行知的教育思想，创新犹如一根金钱，贯串于陶行知教育思想的各个部分。创新在这里指革除不适应时代发展需要的"旧"，创立与社会、历史进步相符的"新"。创新还具有打破偶像、破除迷信、挣脱教条，从僵化习惯性思维中走出来的含义。

1.教育观念和教育方针的创新

传统教育奉行"劳心者治人，劳力者治于人"（《孟子》）、"万般皆下品，惟有读书高"（汪洙《神童诗》）的教育思想，把教育看作是升官发财的途径。陶行知旗帜鲜明地指出培养"人上人"的教育成了少爷、小姐、政客、书呆子的专有品。中国的教育通过戊戌变法进行了部分变革，开始废八股兴学堂。"五四"前后又进行了改革，结果是丢弃了"老八股"，取而代之的却是效仿德、日、美的"洋八股"。陶先生指出中国的新学办了三十年，只不过把"老八股"变成"洋八股"罢了。他大声疾呼"中外情形有同者，有不同者""适于外者未必适于中""沿袭陈法""率任己意""仪型他国""何能求其进步"。陶行知的教育观与传统的教育观截然不同，他的出发点是为了人民的解放、人民生活的幸福，使人民大众受教育。他说教育不应是玩具，也不应是装饰品，更不应是升官发财的媒介；教育不是"少爷小姐有的是钱，大可以为读书而读书"的"小众"教育，"教育是民族解放、大众解放、人类解放之武器"。陶先生指出，民众教育是民众的教育，民众自己办的教育，为民众的最高利益而办的教育。

陶先生针对中国传统教育的弊端，适国内外之势，提出受教育者应达这样的目标："健康的体魄""农夫的身手""科学的头脑""艺术的兴趣""改造社会的精神"。这五个方面用现在的话可以概括为"体、劳、智、美、德"。总结以后的诸多论述，可把他的教育方针表述为：教育必须为社会大众服务，必须与社会实践相结合，培养人们做自己的主人，培养德、智、体、美、劳诸方面协调发展，具有自觉创新精神和创造能力的"真善美的活人"。这充分体现了陶先生"敢探未发明的新理，敢入未开化的边疆"的创造精神和开辟精神。

（1）教育的地位和作用

陶行知认为，教育不应像"老八股""洋八股"那样用来麻醉、欺骗广大青年，不应是生产"伪知识阶级"和培养特权的工具。他认为教育应为救国救民之用，发展教育是改变中国落后现状的必由之路，是国家独立自主、繁荣昌盛的根本大计之所在。早在他创办乡村教育时就指出，教育"担负改造生活的新使命"，并深信"教育能够叫中国的乡村变做天堂，变做乐园"。他强调，我们深信教育是国家万年根本大计，我们深信教育应当培植生活力，使学生向上长，我们深信教育应当把环境的阻力化为助力。陶行知的观点，用今天的话表述就是教育要放在优先发展的战略地位。

（2）教育与社会生活和劳动的关系

旧教育把教育与社会、实践人为地割裂开来，其最大的弊端是教育与生产劳动相脱离，使读书人"心里想和口里念，而手不做"，成了用脑不用手的人；教师"教死书、死教书、教书死"；学生"读死书、死读书、读书死"。对这种教育，陶行知一方面强烈地反对，并号召要"革书呆子的命"；另一方面指出实践是理论的源泉，理论是实践的总结与指导。他的口号是"行是知之始，知是行之成"。他大力提倡生活教育，主张教育联系社会生活和劳动，从现实生活出发，联系现实生活实际，为改造和提高现实生活服务。他提出学校要与社会的关系更加密切，使学校的教化作用不要仅仅局限于学校，而应面向社会。他曾讽刺脱离生活的旧教育是"大笼统，小笼统，大小笼统都是蛀书虫，吃饭不务农；穿衣不做工。水已尽，山将穷；老鼠钻进牛角筒"，并强烈地意识到，教"农夫子弟变成书呆子"的旧教育是非常可怕和令人担忧的。鉴于此，他指出教育与生活和劳动不能脱离，它们应紧密相连，提出"生活即教育"。他认为"教育没有农业，便成为空洞的教育，分利的教育，消耗的教育，农业没有教育，就失了促进的媒介。倘有好的乡村学校，深知选种调肥预防虫害之种种科学农业，做个中心机关，农业推广就有了根据地，大本营，一切进行必有一日千里之势。"

（3）教育的培养目标

思想的创新，也表现在培养目标上。他针对旧教育把培养"人上人"作为目标的现象，指出新教育应培养全面发展的"人中人"。早在他创办南京安徽公学时就为这所学校提出三个教育目标：研究学问，要有科学的精神；改造环境，要有审美的意境；处世应变，要有高尚的道德修养。他说，我们要在"必有事焉"上下手，我们要以"事"为我们活动中心，研究学问要以"事"为中心；改造环境，要以"事"为中心；处世应变，也要以"事"为中心。在育才学校三周年纪念晚会上，他重申为培养德智体诸方面全面发展的学生的重要性。他号召学生每天做如下"四问"：第一问，我的身体有没有进步；第二问，我的学问有没有进步；第三问，我的工作有没有进步；第四问，我的道德有没有进步。陶行知提出这"四问"颇具独特见解。

2.教育内容的创新

教育内容是教育方针的具体化，是教育方针、教育目标得以实现的关键载体。陶行知认为，教育内容的创新应根据新的教育方针和教育实际情况来确定，其主要表现为如下内容。

智育，陶行知极注重科学教育，中国传统教育几千年来，一直只把"四书""五经"等先贤的遗文作为主要内容。这些圣贤的文章不乏精辟之处，但如果把它们作为教育的主要内容，甚至全部内容，就会忽视自然科学方面的教育，培养出来的人才大都是"四体不勤，五谷不分"。为此，陶行知要求青年必须掌握现代的科学知识。他在《普及现代生活教育之路》一文中提出，做一个现代人必须取得现代的知识，学会现代的技能。他认为，科学基础知识是一把钥匙，而"我们必须拿着现代文明的钥匙，才能继续不断地开发现代文明的宝库"。他主张，要加强自然科学方面的教育，尤其是前沿性的、技能职业性的科学知识，他说"从农业文明过渡到工业文明，最重要的知识技能，无过于自学科学。没有真正可以驾驭自然势力的科学，则农业文明必然破产，工业文明建不起来。"在教育实践中他正是这么做的，南京高师新生入学的第一学期，他就给他们开设有介绍科学常识的课，既有遗传学，又有达尔文的进化论，一直说到孟德尔的杂交实验。另外，还为学生开设了科学史、心理学等课程，并强调要理论与社会实践相结合，达到学以致用的效果。教科书是教学内容的具体反映，是根据教学大纲编写而成的教学用书，是学生获取系统知识的重要工具，也是智育的重要媒介。当时，学校使用的教科书很少以现实生活做基础，大都含有封建流毒的思想。它们的通病是以文字作中心，空空洞洞毫无内容，缺乏实用性。比如，甲家书馆的教科书是"小小猪，快快跑，小小猪，快快跑"；乙家书馆是"小小猪，小小猪。快快跑，快快跑"。他认为，以文字为中心而忽略生活的教科书，好比是有纤维而无维他命之菜蔬，吃了不能滋养身体。对于这种教科书，陶行知坚决反对使用，他亲自着手研究教科书，并且组织一批教师去编写教科书。他认为辨别书的好坏要注意以下几点：一看它有没有引导人动作的力量；二看它有没有引导人思想的力量；三看它有没有引导人产生新价值的力量，并指出应根据实际使用不同的教科书。比如，他在回国不久，推行平民教育时，为达到使平民识字明理的目的，他亲自编写了《平民千字课》，使五十多万人受教育；在上海搞普及科学教育运动时，他为儿童组织编写一百种的科学丛书，并组织编写了大众科学丛书，还亲自撰写了天文学的科普读物。这些活动旨在要人们学习科学，帮助创造科学的新中国。

德育，是培养受教育者品德的教育，是教育的重要组成部分。陶行知认为，封建教育只重视念书作文章，"两耳不闻窗外事，一心只读圣贤书"。至于气节、品行教育丝毫不讲究。因此，他主张在对学生进行知识教育的同时，更应注重对他们进行人格教育和道德教育。他指出："道德是做人的根本。根本一坏，纵然你有一些学问和本领，也无甚用处。否则，没有道德的人，学问和本领愈大，就能为非做恶愈大。"由此，他进一步指出，德育主要之点就在于"建筑人格长城的基础"。他提倡讲求"公德"和"私德"，强调良好公德能使集体、国家兴旺发达，不顾公德的结果是"多数人只顾个人私利，不顾集体利益，则这个集体的基础必然动摇，并且一定要衰败下去"。"私德"最重要的是廉洁，因为"一切坏心术、坏行为，都由不廉洁而起。"他要求学生必然有一种高贵的品德成绩表现出来，既要讲"公德"又要讲"私德"。陶行知的德育思想是针对封建教育只重视"学而优则仕"和以"文章定功名"的强烈抨击和讽刺，是对旧教育的德育进行的一种全新创造。

3. 教学方法的创新

教学方法是为教学目的服务的。陶行知认为旧教育在教学方法上存在着种种弊端，其主要表现是教学领域中存在"重教太过""教学分离"等主观主义痼疾。这种主观主义的特征是教学过程被演化成简单告诉与被告诉的过程。教师只知道自己做自己的教授，不管学生能否接受，只知道反复地一味灌输和强化作业。人们也习惯于把教师所干的事称为"教书"，把教师教书的法子称为"教授法"，似乎教员是专门教书本知识，此外无别的可教。学生在校内也似乎除受教外，无别的功课可学，于是乎出现了"先生只管教，学生只管受教，好像是学的事体，都被教的事体打消了。论起名字来，居然是学校，讲起来却又像教校"。他尖锐地指出这是教与学的分离，并呼吁"教学二者，实在是不能分离的，实在是应当合一的"，两者分离是违背教学规律的，其弊端最终表现为"一来先生收效很少，二来学生苦恼太多"。陶行知指出教学方法必须革新，用新的教学方法取代旧的教学方法。他说，自回国以后，看见国内学校里先生只管教，学生只管受教的情形，就认定有改革之必要。同时，他指出中国应同欧美国家一样，要废除注入式、填鸭式的教授法，取而代之的应是"教学做合一"法。

陶行知明确阐明"教学做合一"法的含义，在撰写《教学做合一》一文时，指出教的方法要根据学的方法来定。后来又进一步阐述"事怎样做就怎样学，怎样学就怎样教；教的法子要根据学的法子，学的法子要根据做的法子"。

陶行知在教学过程中引入"做"的环节，认为"做"是首位的，强调"教学做"是一件事，不是三件事，教与学之所以能统一，就是统一在"做"上，只有"在做上教是先生；在做上学是学生"，"先生拿做来教，乃是真教；学生拿做来学，方是实学"，否则"教固不成教，学也不成学"。

陶行知还大力提倡启发式教学，培养学生的自动精神，反对灌输的教学方法。他说"先生的责任不在教，而在教学生学"，强调要教给学生学习方法。他明确指出"活的人才教育，不是灌输知识，而是将开发文化宝库的钥匙，尽我们知道的教给学生"，教师要在孔子的"不愤不启，不悱不发"思想上更进一步，使学生"不得不愤，不得不悱"。关于培养学生自动精神，陶先生曾精辟地论述"自动是自觉的行动，而不是自发的行动"，"在自动上培养自动，才是正确的培养。若目的为了自动，而却用了被动的方法，那只能产生被动，而不能产生自动"。培养自动精神则能使教育的收效事半功倍，因此陶先生要求，要特别注意把自动力的培养贯彻于全部的工作、学习、生活之中。传统教育用会考来确定学生是否毕业，会考成为衡量学生学业的唯一标准。这种教育制度不仅扼杀了学生的生机，束缚了青年的思想，而且使学校成了会考筹备处，学校必须教的课都是要会考的，不会考的课则"不必教，甚而至于必不教"，学校中的音乐课、图画课、体操课、家事课等课内外的活动都被取消了。

陶行知尖锐地揭示出这种制度是"变相的科举"，"大规模地消灭民族的生存力"。因为，学校"所教的只是书，只是考的书，只是会考指南，教育等于读书，读书等于赶考"，"一连三个考赶下来，是会把肉儿赶跑了，把血色赶跑了，甚至有些是把生命赶掉了，这真是杀人的会考，用会考在杀人"。为此，他大声疾呼要停止这种毁灭人生活力的单纯性文字之会考，对学生应采用新的评价方式。陶行知主张以有利于学生德智体等方面全面发展为出发点，建立和发动能培养生活力的创造的"考成"，并阐明"考成"要以生活的实质为内容，不能像会考那样"纸上空谈"，要注重学生的身体强健状况，手脑并用的程度及改造物质和社会环境的程度。陶行知深信这种着眼于实际生活，重视培养人的实践力、创造力的"考成"，较之会考制度引发的"死读书、读死书、读书死"，定会取得更好的效果。创新是陶行知教育思想的灵魂。在知识经济初见端倪的背景下，总结并借鉴他成功的教育理论，对发展我国的教育事业，深化教育体制改革，推进素质教育，实施科教兴国战略，具有不可低估的理论主义和现实意义。

经典选读

《创造宣言》

创造主未完成之工作，让我们接过来，继续创造。

宗教家创造出神来供自己崇拜。最高的造出上帝，其次造出英雄之神，再其次造出财神、土地公、土地婆来供自己崇拜。省事者把别人创造的现成之神来崇拜。

恋爱无上主义者造出爱人来崇拜。笨人借恋爱之名把爱人造成丑恶无耻的荡妇来糟踏，糟踏爱人者不是奉行恋爱无上主义，而是奉行万恶无底主义的魔鬼，因为他把爱人造成魔鬼婆。

美术家如罗丹，是一面造石像，一面崇拜自己的创造。

教育者不是造神，不是造石像，不是造爱人。他们所要创造的是真善美的活人。真善美的活人是我们的神，是我们的石像，是我们的爱人。教师的成功是创造出值得自己崇拜的人，先生之最大的快乐，

171

是创造出值得自己崇拜的学生。说得正确些，先生创造学生，学生也创造先生，学生先生合作而创造出值得彼此崇拜之活人。倘若创造出丑恶的活人，不但是所塑之像失败，亦是合作塑像者之失败。倘若活人之塑像是由于集体的创造，而不是个人的创造，那么这成功失败也是属于集体而不是仅仅属于个人。在一个集体当中，每一个活人之塑像，是这个人来一刀，那个人来一刀，有时是万刀齐发。倘使刀法不合于交响曲之节奏，那便处处是伤痕，而难以成为真善美之活塑像。在刀法之交响中，投入一丝一毫的杂声，都是中伤整个的和谐。

教育者也要创造值得自己崇拜之创造理论和创造技术。活人的塑像和大理石的塑像有一点不同，刀法如果用得不对，可以万像同毁，刀法如果用得对，则一笔下去，万龙点睛。

有人说：环境太平凡了，不能创造。平凡无过于一张白纸，八大山人挥毫画它几笔，便成为一幅名贵的杰作。平凡也无过于一块石头，到了菲狄亚斯、米开朗基罗的手里可以成为不朽的塑像。

有人说：生活太单调了，不能创造。单调无过于坐监牢，但是就在监牢中，产生了《易经》之卦辞，产生了《正气歌》，产生了苏联的国歌，产生了《尼赫鲁自传》。单调又无过于沙漠了，而雷赛布（Lesseps）竟能在沙漠中造成苏伊士运河，把地中海与红海贯通起来。单调又无过于开肉包铺子，而竟在这里面，产生了平凡而伟大的平老静。

可见平凡单调，只是懒惰者之遁辞。既已不平凡不单调了，又何须创造。我们是要在平凡上造出不平凡；在单调上造出不单调。

有人说：年纪太小，不能创造，见着幼年研究生之名而哈哈大笑。但是当你把莫扎特、爱迪生，及冲破父亲数学层层封锁之帕斯卡尔（Pascal）的幼年研究生活翻给他看，他又只好哑口无言了。

有人说：我是太无能了，不能创造。但是鲁钝的曾参，传了孔子的道统，不识字的慧能，传了黄梅的教义。慧能说："下下人有上上智"，我们岂可以自暴自弃呀！可见无能也是借口。蚕吃桑叶，尚能吐丝，难道我们天天吃白米饭，除造粪之外，便一无贡献吗？

有人说：山穷水尽，走投无路，陷入绝境，等死而已，不能创造。

但是遭遇八十一难之玄奘，毕竟取得佛经；粮水断绝，众叛亲离之哥伦布，毕竟发现了美洲；冻饿病三重压迫下之莫扎特，毕竟写了《安魂曲》。绝望是懦夫的幻想。歌德说：没有勇气一切都完。是的，生路是要勇气探出来，走出来，造出来的。这只是一半真理，当英雄无用武之地，他除了大无畏之斧，还得有智慧之剑，金刚之信念与意志，才能开出一条生路。古语说：穷则变，变则通。要有智慧才知道怎样变得通，要有大无畏之精神及金刚之信念与意志才变得过来。

所以处处是创造之地，天天是创造之时，人人是创造之人，让我们至少走两步退一步，向着创造之路迈进吧。

像屋檐水一样，一点一滴，滴穿阶沿石。点滴的创造固不如整体的创造，但不要轻视点滴的创造而不为，呆望着大创造从天而降。

东山的樵夫把东山的茅草割光了，上泰山割茅草，泰山给他的第一个印象是：茅草没有东山多。泰山上的"经石峪""无字碑""六贤祠""玉皇顶"，大自然雕刻的奇峰、怪石、瀑布，豢养的飞禽、走兽、小虫和几千年来农人为后代种植的大树，于他无用，都等于没有看见。至于那种登泰山而小天下之境界，也因急于割茅草而看不出来。他每次上山拉一堆屎，下山撒一泡尿，挑一担茅草回家。尿与屎是他对泰山的贡献，茅草是他从泰山上得到的收获。茅草是平凡之草，而泰山所可给他的又只有这平凡之草，而且没有东山多，所以他断定泰山是一座平凡之山，而且从割草的观点看，比东山还平凡，便说了一声："泰山没有东山好。"这话被泰山一棵树苗听见了，它想到自己老是站在寸土之中，终年被茅草包围着，徒然觉得平凡、单调、烦闷、动摇，幻想换换环境。一根树苗如此想，两根树苗如此想，三根树苗如此想，久而久之成趋向，便接二连三的，一天一天的，听到树苗对樵夫说："老人家，你愿意带我到东山去玩一玩么？"樵夫总是随手一拔，把它们一根一根的和茅草捆在一起，挑到东山给他的老太婆烧锅去了。我们只能在樵夫的茅草房的烟囱里偶尔看见冒出几缕黑烟，谁能分得出哪一缕是树苗的，哪一缕是茅草的化身？

割草的也可以一变而成为种树的老农，如果他肯迎接创造之神住在他的心里。我承认就是东山樵夫也有些微的创造作用——为泰山剃头理发，只是我们希望不要把我们的鼻子或眉毛剃掉。

创造之神！你回来呀！你所栽培的动苗是有了幻想，樵夫拿着雪亮亮的镰刀天天来，甚至常常来到幼苗的美梦里。你不能放弃你的责任。只要你肯回来，我们愿意把一切——我们的汗，我们的血，我们的心，我们的生命——都献给你。当你看见满山的幼苗在你监护之下，得到我们的汗、血、心、生命的灌溉，一根一根的都长成参天的大树，你不高兴吗？创造之神！你回来啊！只有你回来，才能保证参天大树之长成。

罗丹说："恶是枯干。"汗干了，血干了，热情干了，僵了，死了，死人才无意于创造。只要有一滴汗，一滴血，一滴热情，便是创造之神所爱住的行宫，就能开创造之花，结创造之果，繁殖创造之森林。

（部分内容有删改）

《陈鹤琴教育文集》中的教育思想

作者简介

陈鹤琴（1892—1982），浙江上虞人，中国著名儿童心理学家和幼儿教育家。二十世纪三四十年代我国幼教界"南陈北张"之说中"南陈"即陈鹤琴，他是"活教育"理论体系的创建者，我国现代幼儿教育的奠基人。早年留学美国，获文学学士和教育硕士学位，1919年夏回国往南京高等师范学校、东南大学任教授、教育科主任、教务主任等职。他创办了我国第一个幼教实验中心——南京鼓楼幼儿园，第一个公立幼儿师范学校——江西省立幼儿师范学校，以及国立幼儿师范专科学校、上海儿童福利促进会和特殊儿童辅导院。中华人民共和国成立后任南京师范学院院长、全国政协委员、中国人民保卫儿童全国委员会委员、全国文字改革委员会委员、中国教育学会和幼儿教育研究会名誉理事长等职。

陈鹤琴热爱祖国、热爱儿童，毕生致力于儿童教育事业。他开创了我国儿童心理和学前教育的科学研究工作，并促使家庭教育科学化和幼儿师范教育系列化，是研究中国儿童心理的第一人，著有《儿童心理之研究》等。他撰写的《家庭教育》，可以说是具有中国特色的儿童家庭教育的"百科全书"。他在鼓楼幼儿园的研究形成了"中心制课程"（单元教学），奠定了我国第一个《幼稚园课程标准》的基础。他结合实践研究，创办《幼稚教育》《儿童教育》《新儿童教育》等刊物，主编幼儿教育丛书、儿童科学教育丛书等，编写了多种儿童教育书籍、教材和读物，创制了许多教具、玩具和体育、游戏用品。他创建的"活教育"理论体系，提出了三大纲领：目的论——做人、做中国人、做现代中国人；课程论——大自然、人社会都是活教材；方法论——做中教、做中学、做中求进步。他还提出"活教育"十七条教学原则、十三条训育原则、学习四步骤和五指活动等。

陈鹤琴主张培养幼儿师范学生具有敬业、乐业、专业、创业的精神，并组织群众性的幼儿教育和儿童教育学术团体，加强教师的学习和交流，促进教师成长。

陈鹤琴一生发表约 *400* 万字的著作，已收入《陈鹤琴教育文集》《陈鹤琴全集》。

内容精要

本书不但选辑了有关陈鹤琴幼儿教育理论和实践的主要文章讲稿和实验、报告等，同时也收入陈鹤琴有关论"活教育"的重要著作和其他关于儿童心理研究的相关论述和观点，这些经验总结和理论创见至今都有相当高的学术价值和实践意义，是我国教育宝库中的一份珍品。附录个人生平介绍中许多史料当属首次发表，生动记载了这位"中国幼教之父"投身教育事业的不平凡的教育家人生。陈鹤琴（*1892—1982*）是我国幼儿教育的开拓者和奠基人，他从研究儿童心理、家庭教育、幼儿园教育和幼儿师范教育到开办实验幼儿园、公立幼师、国立幼专和高师幼儿教育系，创建了中国化和科学化的幼教理论和实践体系，对我国幼儿教育作出了划时代的贡献。

书中教育思想

陈鹤琴认为国民教育是"国民的教育，发扬文化的始基，所以比中大学校的教育，更加重要，国家的发展，青年的前途，全在小学教育的改进。"陈鹤琴很早就考虑到幼儿园与小学教育的衔接问题，他提出，一年级应当与幼儿园有密切的衔接，以免双方的损失。

陈鹤琴很重视特殊教育，他所指的特殊教育不仅是指那些盲、聋、哑等生理有缺陷的儿童，还指问题儿童和天才儿童。他认为由于过去的儿童教育没有把特殊儿童与普通儿童分开施教或对特殊儿童不关注的做法不可取，从而提出了发展中国的特殊儿童教育。

陈鹤琴先生关于"儿童教育是最基本的教育"的思想论述，对我们当今的儿童教育仍然有指导作用。

陈鹤琴多次告诫家长，做父母的教养子女第一条原则，就是要尊重"以身作则"这条原则。在婴幼儿期，父母是孩子心目中的理想人物，他们的一举一动都直接或间接影响小孩。进了幼儿园，老师和父母对于小孩子具有平均的力量，但由于儿童与父母相亲的爱力深，相处时间长，他们对儿童的影响仍然特别大，往往儿童在学校所受到的一些好的教育，却抵挡不住家庭环境的影响。因此，做父母的必须处处以身作则。

陈先生主张家庭教育要民主化，父母要平等对待小孩，尊重小孩的人格。他特别强调"做父亲的应当同小孩做伴侣"，认为这是家庭教育民主化的一个表现。他认为父子作伴游戏的好处很多，既可以沟通父子间的情感，增加家庭中的天伦之乐，又可以利用做伴机会教育孩子，还可以发现孩子不好的行为和思想，及时加以纠正。

"做父母的对于子女的教育应有一致的措施"，这是陈鹤琴家庭教育理论的重要观点。父母施教的方法不一致，宽严不同，孩子就无所适从。家庭教育既是一个古老的课题，又是一门崭新的学问。陈先生对家庭教育理论的研究和实践，为中国现代家庭教育理论奠定了科学的基础，提供了具体的方法，特别是《家庭教育》一书所提出的一些原则和方法，对父母具有借鉴意义。

《匡亚明教育文选》中的教育思想

作者简介

匡亚明（1906—1996），江苏省丹阳人，曾先后就读于苏州第一师范学校和上海大学，1926年加入中国共产党，1927年曾以江苏团省委特派员名义领导宜兴秋收起义，后任中共江苏省委徐海蚌特委宣传部长、上海总工会秘书长兼宣传部长。他先后四次被捕，受尽酷刑而坚贞不屈。1937年被营救出狱后历任中共中央社会部政研室副主任、华东局宣传部副部长兼《大众日报》社长、总编辑等职。中华人民共和国成立后，历任华东政治研究院党委书记兼院长、中共华东局宣传部党委副部长等职，1955年至1963年任东北人民大学（后更名为吉林大学）常务书记兼校长，1963年起任南京大学党委书记兼校长，1978年，担任南大党委书记兼校长，1982年起为南大名誉校长。1991年，他被任命为国家古籍整理出版规划小组组长，晚年主持编写《中国思想家评传丛书》。

他的主要著作有《孔子评传》《求索集》《中国思想家评传丛书》。

书中教育思想

匡亚明的教育思想和育人理念表现在许多方面，《学记》中说："善歌者，使人继其声；善教者，使人继其志。"匡亚明无疑是"善歌"与"善教"者。几十年前，匡亚明就主张打通"文史哲"，开办"大文科"，培养具有丰富广博的学识和多方面能力的通才。他十分强调通才与专才的统一，致力消除大学培养的人才知识面过于狭窄的极端，希求打破传统的专业划分过细和只是坐而论道、严重脱离社会实践的文科人才培养模式，创立一种能够打通"文史哲"三大学科门类并密切联系社会实际的"大文科"的办学模式。他还大力提倡"四个空气"的良好校风。他同时希望高等学府时时处处都能洋溢着"强烈的政治空气，浓厚的学术空气，高度的文明空气，活跃的文体空气"，使莘莘学子得以沐浴清新的"校风"全面地、和谐地、健康地成长。另外，匡亚明积极鼓励学生广泛阅读，成为基础宽厚、博学多才的学者。匡亚明首先在高校中提倡开设"大学语文"课，并欣然出任全国大学语文研究会名誉会长。他认为大学语文包含文、史、哲、经、政等有关内容，有两条主线贯穿其中，一条线是可以培养、锻炼、提高学习者的文字表达能力（包括必要的阅读古文能力），另一条是能够丰富大学生的人文素养，以及大学生的性格塑造、品德端正、治学为人等方面的知识。而用这两条主线贯穿起来的内容广博的大学语文，在现在看来，就是一门致力于塑造人格，培养能力，注重大学生在各个学科领域发展的共同基础的通识课程。为此，他专门写成《大学语文应成为独立学科》一文并发表在《文汇报》上。事实证明，学习"大学语文"，有助于学生道德情操和审美趣味的提升，有助于文学素养和写作能力的加强，有助于逻辑思维和形象思维的锻炼，有助于历史视野的拓展和对社会发展规律的认识，为学生的进一步发展打下了牢固的基础。

经典选读

孔子评传（八）

仁也，礼也，义也。

仁是根本，礼是基础，义是保证。

这是孔子的思想体系形成的初期，但不是后人所理解的儒家政治文化的内容。

此时的孔子是一位具备政治激情的有一定文化基础的年青人，思想热烈地向前看，对自己国家的不幸满怀忧虑，既怀抱国之志，又无报国之门。因此，孔子所论的仁、礼、义具备先进的政治倾向。

楚灵王、子产、叔向，一个是具备霸王之气的国君，一个是具备国之根基的贤臣，另一个则是有一定政治手段的宗族后人。

如果以现在人们所认识的儒家仁、礼、义的思想体系来评论，此三人都不具备。

（楚）康王立十五年卒，子员立，是为郏敖。

康王宠弟公子围、子比、子皙、弃疾。郏敖三年，以其季父康王弟公子围为令尹，主兵事。四年，围使郑，道闻王疾而还。十二月己酉，围入问王疾，绞而弒之，遂杀其子莫及平夏。使使赴于郑。伍举问曰："谁为后？"对曰："寡大夫围。"伍举更曰："共王之子围为长。"子比奔晋，而围立，是为灵王。

楚灵王是以不法的手段夺取王位，以至于在楚伐吴杀庆封时，庆封反唇相讥曰："莫如楚共王庶子围弒其君兄之子员而代之立！"于是灵王使疾杀之。

（楚灵王）七年，就章华台，下令内亡人实之。

八年，使公子弃疾将兵灭陈。十年，召蔡侯，醉而杀之。使弃疾定蔡，因为陈蔡公。

十二年春，楚灵王乐乾溪，不能去也。国人苦役。初，灵王会兵于申，僇越大夫常寿过，杀蔡大夫观起。起子从亡在吴，乃劝吴王伐楚，为间越大夫常寿过而作乱，为吴间。使矫公子弃疾命召公子比于晋，至蔡，与吴、越兵欲袭蔡。令公子比见弃疾，与盟于邓。遂入杀灵王太子禄，立子比为王，公子子皙为令尹，弃疾为司马。先除王官，观从从师于乾溪，令楚众曰："国有王矣。先归，复爵邑田室。后者迁之。"楚众皆溃，去灵王而归。

灵王闻太子禄之死也，自投车下，而曰："人之爱子亦如是乎？"侍者曰："甚是。"王曰："余杀人之子多矣，能无及此乎？"右尹曰："请待于郊以听国人。"王曰："众怒不可犯。"曰："且入大县而乞师于诸侯。"王曰："皆叛矣。"又曰："且奔诸侯以听大国之虑。"王曰："大福不再，祗取辱耳。"于是王乘舟将欲入鄢。右尹度王不用其计，惧俱死，亦去王亡。（《史记》）

楚灵王荒淫无道，与其辱于乾溪是有必然联系的。楚灵王的所作所为，孔子是同时代的见证人，怎么可能竟因为子革之言而反省，就称之为仁呢？

叔向是不是有古代正直的遗风，从孔子所说的三件事来看，显然不一定。"数其贿也""其诈也""其贪也"都不是一个正人君子所为。

（昭公三年）齐侯使晏婴请继室于晋，曰："寡君使婴曰：'寡人愿事君，朝夕不倦，将奉质币，以无失时，则国家多难，是以不获。

不腆先君之適，以备内官，焜耀寡人之望，则又无禄，早世陨命，寡人失望。君若不忘先君之好，惠顾齐国，辱收寡人，徼福于大公、丁公，照临敝邑，镇抚其社稷，则犹有先君之適及遗姑姊妹若而人。君若不弃敝邑，而辱使董振择之，以备嫔嫱，寡人之望也。'"韩宣子使叔向对曰："寡君之愿也。寡君不能独任其社稷之事，未有伉俪。在缞绖之中，是以未敢请。君有辱命，惠莫大焉。若惠顾敝邑，抚有晋国，赐之内主，岂唯寡君，举群臣实受其赐。其自唐叔以下，实宠嘉之。"

既成昏，晏子受礼。叔向从之宴，相与语。叔向曰："齐其何如?"晏子曰："此季世也，吾弗知。齐其为陈氏矣！公弃其民，而归于陈氏。齐旧四量，豆、区、釜、钟。四升为豆，各自其四，以登于釜。釜十则钟。陈氏三量，皆登一焉，钟乃大矣。以家量贷，而以公量收之。山木如市，弗加于山。鱼盐蜃蛤，弗加于海。民参其力，二入于公，而衣食其一。公聚朽蠹，而三老冻馁。国之诸市，屦贱踊贵。民人痛疾，而或燠休之，其爱之如父母，而归之如流水，欲无获民，将焉辟之？箕伯、直柄、虞遂、伯戏，其相胡公、大姬，已在齐矣。"

叔向曰："然。虽吾公室，今亦季世也。戎马不驾，卿无军行，公乘无人，卒列无长。庶民罢敝，而宫室滋侈。道殣相望，而女富溢尤。民闻公命，如逃寇仇。栾、郤、胥、原、狐、续、庆、伯，降在皂隶。政在家门，民无所依，君日不悛，以乐慆忧。公室之卑，其何日之有？谗鼎之铭曰：'昧旦丕显，后世犹怠。'况日不悛，其能久乎？"

晏子曰："子将若何?"叔向曰："晋之公族尽矣。肸闻之，公室将卑，其宗族枝叶先落，则公从之。肸之宗十一族，唯羊舌氏在而已。肸又无子。公室无度，幸而得死，岂其获祀？"

从晏子与叔向对齐、晋政治经济形势的分析判断，齐、晋国已处于末世，但因为晏子与叔向本质的不同而将有不同的结果。

晏平仲婴者，莱之夷维人也。事齐灵公、庄公、景公，以节俭力行重于齐。既相齐，食不重肉，妾不衣帛。其在朝，君语及之，即危言；语不及之，即危行。国有道，即顺命；无道，即衡命。以此三世显名于诸侯。

晏子一言而齐侯省刑。

（昭公二十八年）夏六月，晋杀祁盈及杨食我。食我，祁盈之党也，而助乱，故杀之。遂灭祁氏、羊舌氏。

羊舌氏之灭，叔向是有预感的，也是公室卑，宗族之家的必然归宿。因为公室之所以卑，正是公室之政旁落家门的原故。

（昭公六年）三月，郑人铸刑书。叔向使诒子产书，曰："始吾有虞于子，今则已矣。昔先王议事以制，不为刑辟，惧民之有争心也。犹不可禁御，是故闲之以义，纠之以政，行之以礼，守之以信，奉之以仁，制为禄位以劝其徒，严断刑罚以威其淫。惧其未也，故诲之以忠，耸之以行，教之以务，使之以和，临之以敬，涖之以强，断之以刚。犹求圣哲之上，明察之官，忠信之长，慈惠之师，民于是乎可任使也，而不生祸乱。民知有辟，则不忌于上，并有争心，以征于书，而徼幸以成之，弗可为矣。夏有乱政而作《禹刑》，商有乱政而作《汤刑》，周有乱政而作《九刑》，三辟之兴，皆叔世也。今吾子相郑国，作封洫，立谤政，制参辟，铸刑书，将以靖民，不亦难乎？《诗》曰：'仪式刑文王之德，日靖四方。'又曰：'仪刑文王，万邦作孚。'如是，何辟之有？民知争端矣，将弃礼而征于书。锥刀之末，将尽争之。乱狱滋丰，贿赂并行，终子之世，郑其败乎！肸闻之，国将亡，必多制，其此之谓乎！"

复书曰："若吾子之言，侨不才，不能及子孙，吾以救世也。既不承命，敢忘大惠？"

子产为一贤臣。

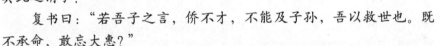

从以上事件也可以看出子产与叔向不仅政治观念不同，治国方略也有很大的差距。叔向只能算是一位宗族中具备政治能力与手段的人。

孔子之论仁、礼、义，论了三人，为什么所论之人与所论之政治观点在本质上存在矛盾呢？

孔子之论仁、礼、义既是对社会的认识，更是内心世界的真实反映。

楚灵王不能称仁，但有霸气，这一点正是鲁国国君所缺乏的。或者说，正是孔子所寄希望于鲁国国君的，孔子希望鲁君哪怕是有一点霸气也好。国君是国之根本。

在国君弱的国度里，孔子又寄希望于贤臣。子产就是一位敢于维护国家利益的贤臣。贤臣是国之根基。

在没有贤臣的社会里，孔子退而求其次，哪怕是在宗族里有一位具备政治手段的人，叔向便具备一定的政治智慧。具有政治智慧的宗族也是国家的保障。

孔子之论仁、礼、义，不是从伦理道德观出发，而是注重于政治的结果。这是处在鲁国政治经济危机之中的孔子，所产生的思想意识，与后期思想有本质区别。

（部分内容有删改）

《为了自由呼吸的教育》中的教育思想

作者简介

李希贵，山东省潍坊市教育局局长；历任高密四中语文教师、班主任、副教导主任、副校长、校长，高密一中校长，高密市教委主任；兼任国家督学、中国教育学会理事、山东师范大学研究生导师、山东省中语会副会长。先后主持多项国家级课题，其中"语文实验室计划"被列为国家教育部、人事部"特级教师计划"，并获山东省人民政府优秀教学成果一等奖；出版《教育艺术随想录》《中学语文教改实验研究》等专著；在国家级报刊发表《让语文素养融进血液》《一个教育局长的听课手记》等二十多万字；先后参与教育部更新教育观念报告团、教育部高中新课程实验专家组、教育部素质教育观念学习提要编写组等项工作。荣获全国劳动模范、全国优秀教师、齐鲁十大教育新闻人物等称号。

内容精要

《中国当代教育家丛书》以宣传当代教育家事迹，反映教育家成长和促进教育改革发展为宗旨。什么样的人才称得上教育家？本系列从书将会让读者体会到，教育家并不神秘，他们也是平凡的、平常的教育工作者中的一员；他们也会有一些缺点和不足，甚至可能因为大力推进改革创新，某些缺点和不足更容易表现出来。但是，作为广大教育工作者的杰出代表，教育家又是不平凡的，他们为教育改革创新作出了突出的贡献。《为了自由呼吸的教育》是该系列丛书中的一本。

书中教育思想

《为了自由呼吸的教育》是李希贵先生的教育理想与信念集成。该书通过李希贵先生二十多年的从教历程，记录了其对"自由呼吸"的教育理想的漫漫求索。

求索的道路是艰难的，践行教育理想的历程是幸福而又充满感动的。《为了自由呼吸的教育》一书用教育叙事的手法，引领我们走入一个个真实的教育情境。正如作者所说，只是力求把一些原生态的东西提供给读者，在教育实践中遇到了哪些问题，是怎样解决的，在解决过程中又有哪些困难，从中自己有哪些感悟。

"原生态"也许正是此书的魅力之一吧。因为，所有的故事与思考都是源自生活的，是原汁原味、真实、鲜活的教育个案与基于生活的教育之思。在这里，我们不会被一些时髦的名词、术语等撞得眼花缭乱。因为，这是一个从教者真实生活的记录，是在用事实说话。而正是在这"原生态"里，我们才得以尽情体味教育那春风化雨、润物无声般的神奇；正是在"原生态"里，我们才能真正融入学生的生活世界，身临其境般地感受"朝阳"的蓬勃与意气风发，欣赏壮志青年的指点江山与激扬文字，并惊异于学生因其主体性的唤醒而进发出的巨大潜能；正是在"原生态"里，我们才能真正了解教师和学校的真实生存状态。沿着行者的足迹，"心会"行者之思，即是对教育本真的一路叩问与求索。

在与学生、教师、学校的零距离、共呼吸中，李希贵先生逐渐生成了自己的教育思想、信仰亦或追求，那就是"自由呼吸的教育"。在书中，李希贵先生曾一再强调，教育其实很简单：一腔真爱，一份宽容，如此而已。教育本来挺简单，只是我们人为地把它搞复杂了。把孩子们当作活生生的人来看待，让校园里充满民主、平等，让老师、学生在校园里自由呼吸，从而"到达心灵之花自由开放的生命田园"。任何对教育理想的求索都要付诸改革，而"人的回归才是教育改革的真正条件"（雅斯贝尔斯语）。"人的回归"不外是"成为自己"！雅斯贝尔斯说，教育帮助个人自由地成为他自己，而非强求一律。因为"所谓教育，不过是人对人的主体间灵肉交流活动（尤其是老一代对年轻一代），包括知识内容的传授、生命内涵的领悟、意志行为的规范、并通过文化传递功能，将文化遗产教给年轻一代，使他们自由地生成，并启迪其自由天性。"因此，"教育活动关注的是，人的潜力如何最大限度地调动起来并加以实现，以及人的内部灵性与可能性如何充分生成"。

李希贵先生的求索之所以能成功，我想，关键在于其旨在"自由呼吸的教育"对"人的回归"的尊崇与践行吧。

在李希贵先生的教育求索中，"人的回归"亦或"自由呼吸"当有此三种意蕴。

其一，学生潜能的唤醒与主体性的彰显，让学生"自由呼吸"。

正如作者所说，学生的潜能就像空气，可以压缩于斗室，可以充斥于广厦——就看我们给他们提供什么样的空间"。从"学生十大自我锻造工程"到"哪里闪光就打造哪里"，从给"学生创造更多的'第一次'"到"多一把尺子就会多出一批好学生"再到"学生技能测试站"，从致力于寻找语文教学原生态的"语文实验室计划"到"自修楼中的自主学习"，从"用'考试'指挥一台欢快的素质教育交响乐"到"分层教学"再到"中考大变脸"……李希贵先生的求索正是致力于寻找这个唤醒并张扬潜能的广阔空间。因为他越来越清楚"教育的本质是解放人——包括人的智力和心灵、思维和情感，而不是束缚人、压抑人、限制人"，并且，他坚定地相信"每一个学生都有与众不同的兴趣、特长；尊重了孩子的个性、特长，也就意味着为孩子提供了自由广阔的发展空间，也就意味着孩子的精神生命能够自由呼吸"。

其二，教师主体性的尊崇与张扬，让教师"自由呼吸"。

教师是真正践行教育理念的主体，当"教师专业化""校本教研""行动研究""做反思型教师"等理念的呼声一浪高过一浪时，我们是否能体会到教师的"不能承受之重"，我们能否为教师开辟广阔的空间，让"追求卓越"成为他们发自内心的强烈渴望。

"让每一个人都感到自己重要"，是李希贵先生独特的人文管理理念与实践。从"三朝元老"到"首席接待"，从"五子登科"到"功勋四中人"，从"开发课程与开发自己"到"让每一个四中人都成为英雄"……李希贵先生尽可能地创造着一个又一个让全体教职工发挥潜能的氛围和环境，充分调动教师的主体性，从而使教师在成就学生的同时也成就自己。当一个人意识到"自我的独特价值"，当一个人感受到来自他人的"尊重"和"关注"时，责任感和使命感会油然而生，从而为主体性的发挥注入了持久而强劲的能量。

其三，实现学校的个性化发展，让学校"自由呼吸"。

传统的规范化学校的评估举措就像古希腊神话中普罗克勒斯提斯的"磨床"。僵硬的评价标准使得评估成为了剪裁学校丰富个性的剪刀，使得学校成了没有个性和生命活力的标准零件。李希贵先生通过启动"个性化学校评估"和对"协商式评估"的探索，着力为学校营造自主发展、特色发展的广阔空间。唯有让学校"自由呼吸"，才能为学生和教师的"自由呼吸"提供现实土壤。

正如李希贵先生最欣赏的一句话所说："我诚挚地相信，生命是一连串的企图和失败。只有在偶然的机会中，我们才能体验到成功，最重要的是继续尝试。"我想，这既是李希贵先生从教历程的真实写照，也是其成长为著名教育家的法门，即高扬起教育的理想并执著求索，在求索中反思，在反思中升华。

让我们如李希贵先生一样，借着对"生命自由"的渴望，心怀满腔真爱与宽容，去发现、去欣赏、去求索！"让在校的每一个孩子自由呼吸"，"让每一个人自由呼吸"。

经典选读

教育其实很简单：一腔真爱，一份宽容，如此而已。

——李希贵

乡村中学

回想走过的路，我至今难以忘怀高密四中。位于山东高密双羊镇的那所乡村中学，是我教育生涯的第一个驿站。在这里，我从一个语文教师干起，开始了对教育的实践感悟，奠定了我教育理想的底色，我越来越清楚的是，教育的本质是解放人——包括人的智力和心灵、思维和情感。而不是束缚人、压抑人、限制人。

一、教师完全可以道歉

1980年12月，大学毕业的第二天，我来到了坐落在潍河东岸双羊镇的山东省高密县第四中学，开始了我的教学生涯。

这是一所只有9个教学班的农村高级中学，招收的学生大多是农民子弟，学校在当地以吃苦耐劳声名远扬，"严格、严肃、严谨"的"三严"精神，是学校引以自豪的传统。

报到的时候，正是县里召开高考表彰会议的前夕，四中被指名在会上介绍经验，典型材料还没有写好。校领导一见来了个中文系毕业的大学生，二话没说，就把写材料的任务压给了我。这下可难坏了我，不用说总结高考经验，就是让我谈谈教学常规也不见得在行，再加上人生地疏，对情况不熟悉，这经验可怎么总结？可能当时的脸色难看，领导一个劲地安慰我说，不要紧，材料的框架县里都给定好了，就是三大块：管理要严格、教育要严肃、教学要严谨。只要把握这个大路子，就没什么大问题。没有退路，我只好把能够搜罗到的关于高考的文字材料，搬到我的宿舍，然后仔仔细细地阅读、体会。拼了几天，算是完成了任务。

到县里送材料交差很顺利。据说原因就是"思路对头"，"三严"精神把握很到位。后来才知道，写作的过程其实就是对我教育的过程。我是这所学校恢复高考后分配来的第一位大学生，怕我吃不透校情，思想不到位。写总结材料，既让我了解了学校，同时也大概地了解一下我的情况，起码是文字方面的水平。

这个过程，事实上对我产生了深刻的影响，教育是什么？教师应该怎样做？教学又是怎么回事？从那几天的深入阅读中，我得出了第一印象，而这"第一印象"一直作为我教学的底色，深深地影响了我好多年。

可见，教育无痕，有效的教育是把教育目的隐藏起来的教育，是不动声色的教育。

我开始为自己找一些"道具"，做一些伪装，力图把自己装扮得"厉害"一些。因为，好多迹象告诉我，在这样一个校园里，厉害，其实就是优秀的代名词。

于是，在教室里，学生宿舍里，运动场上，甚至学生食堂里时刻保持着厉害的模样，严肃、冷峻、不苟言笑。

可是，时间长了，我渐渐发现同学们并不买账。

一个星期天傍晚，上晚自习了，可班里的团支书和另外几个女同学没来上课。团支书是我心目中的好学生，各个方面在班内都堪称楷模，今天竟然也旷课了，是不是叫老师们给宠坏了？我有些生气，蹲在教室门前，想来个守株待兔。果然，不一会儿，几个女同学急匆匆地从校门口跑过来。我劈头盖脸就是一阵急风暴雨，她们几个包括团支书都站在教室门前哭了。

下晚自习了，团支书和一位女生走进我办公室。她们两个的眼睛还有些红肿，站在办公桌对面，显得特别镇静。原来，她们是为了送同宿舍的一位同学到医院急诊才迟到的。当她们把病号安顿好，住上院，满心快慰地赶回学校时，满以为能得到老师的肯定，没想到老师连解释的机会都不给……

我一下子懵了。面对两位可爱的学生，我好长时间无言以对。她们两个也把头埋在胸前，我实在想不出什么恰当的语言，最后，只好鼓起勇气说："看来还是老师错了，真是对不起你们了……"

她们像是被蜇了一样，不知所措，想说些什么，可什么也说不出。最后，团支书说了一句叫我印象深刻的话："老师，您可不能说对不起；怎么说，错误也是我们当学生的。"

真奇怪，她们越是这样，我反而越是内疚。我把她们让到对面的椅子上坐下，向她们认真地检讨起来，一直到她们那惊奇的眼睛变

section

得兴奋，并且，像同行一样和我交流起来。

和学生平等地坐下交流，才知道她们并不是小孩子。其实，她们有好多想法，甚至不乏真知灼见。那个晚上，我们谈了好多好多，聊到很晚。我开始重新认识自己，重新认识学生。原来，教师完全可以道歉，教育完全可以在平起平坐的状态下进行，除了"三严"精神，道歉还有这么大的威力。

我开始思索，究竟什么样的师生关系才是有助于教育成功、有助于学生发展的师生关系，教育活动究竟应当建立在什么样的人际关系框架里才是真正高效的和有活力的，教师的民主意识对于学生的情感、态度、价值观的形成有哪些益处。

二、学生不需要假分数

1982年夏天，我教的第一届学生毕业。

毕业典礼和班级师生茶话会上，向来被老师们看好的程联等几位"好学生"却不见了，班上的同学谁也不知道他们的去向。

程联是刚刚评上的省级优秀学生，按照当时的政策，高考成绩可以加20分录取。全校仅有的两个"省优"指标能落到他头上，是因为他是高考"边缘生"。仅靠分数硬碰硬，他肯定上不了录取线，加上这20分，为学校增加一个本科名额，那是十拿九稳的。按说，这样的学生本应在茶话会上对老师和学校"感恩戴德"才对，关键时候怎么会不见了？

原来，他们几个早就烦透了学校，躲到校外野地里喝啤酒去了。一直喝得酩酊大醉，然后把所有的课本，甚至把刚刚发下的毕业证书，全都抛撒到操场上烧了。最后，他们几个竟然头拱在地上嚎啕大哭。

循着哭喊声，我找到了操场。看到他们那狼狈相，我气不打一处来，大步赶上去，我的喊叫可能有点儿怕人，一下子把他们几个惊呆了。我知道自己有些失态，缓了缓气说："你们这算干什么！老师同学都在等着，你们可倒自在！"我又盯着程联说："连你也这么不像话，你对得起学校吗？"

这句话可能真的刺激了程联，他一下子跳起来，大声喊着："老师，我不要这20分！我不会给你们涂脂抹粉的。考不上大学，我也不要这假分数！我知道，这分数应该是吴鸣的。你们必须改过来！"

他说的一点都没错，这个省级优秀学生真应该是吴鸣的。他不仅品学兼优，而且还因为见义勇为受过轻伤。但吴鸣太出色了，不用任何加分，考入名牌大学就绰绰有余，所以领导斟酌再三，还是忍痛割爱，把"优秀"送给了程联。

程联似乎还没有消气，继续发泄着，而且越说越激动，"什么老师？什么校长？全是为了名利！我不给你们干了……"

虽然是醉话，但我还是第一次听到这样刺激的叙说。

我们真该反思了，也许你并没有把学生看透，可他们却把你给看透了。我这才知道学生渴望的不是偏爱，而是公平、公正；得到不应该得到的，会给他留下永远不能消除的阴影，甚至在他的同学中，他可能永远都抬不起头来。

我们没有想到的，学生却已经体验到了。

（部分内容有删改）

《邱学华与尝试教育人生》中的教育思想

作者简介

邱学华，男，1935 年生，江苏常州人。特级教师。现任中国教育学会数学教育研究发展中心尝试教育研究会理事长，杭州大学教育系兼职教授。代表性论著有《尝试教学法》《尝试教学理论研究》《尝试 成功 发展》、《尝试 开拓 创新》《中国小学数学四十年》等。荣获江苏省"有突出贡献中青年专家"等称号。享受国务院政府特殊津贴。

书中教育思想

《邱学华与尝试教育人生》中的"尝试教学法"主张把"先导后试"和"先讲后练"的传统教学模式转化成"先试后导"与"先练后讲"的新模式，让学生在尝试练习的过程中，通过教师的指导自学课本，引导学生，然后再由教师有针对性地为学生讲解问题与答疑解惑。他坚信，学生能在尝试中学习、在尝试中成功、在尝试中创新，只要敢于尝试，学生就能在已知的基础上自主探索未知并最终获得新知。这样的教学法，有助于让学生在自主尝试中学习，并鼓励他们开动脑筋来充分发挥其学习的积极性、主动性和创造性，从而获得更佳的学习效果，并最终提高学生自主学习与建构知识的能力与综合素质。这种教学法紧紧抓住学生是学习的主体这一学习的要义，以尝试的形式，解放学生的心智，促发学生自主思考，从而达到创新学习方式与获得学业成绩提高的最终目的。多年来，经过大量的教学实践，已经证明了邱学华尝试教学法的科学性——实验中学生的成功率一般都在90%以上。

邱学华尝试教学法所倡导的"先试后导"与"先练后讲"立足于"三为主"（以学生为主、以自学为主、以练习为主），重视"七个作用"（学生的主体作用、学生间的互补作用、教师的指导作用、师生间的情意作用、课本的示范作用、教学手段的辅助作用、知识的迁移作用），培养"三种精神"（尝试精神、探索精神、创新精神）。这些精髓都非常符合目前我国政府从上到下所大力推进的基础教育新课程改革的理念与精神实质，也与建构主义的教学理论在许多地方契合。邱学华说，这种教学模式改变了学生接受现成知识的被动性，让学生在尝试中主动探索，为学生提供了独立思考与大胆创新的机会和空间，更加适合当代教育所肩负的造就21世纪所需要的新人才的培养需要。

邱学华深信"实践出真知"这一颠扑不破的真理。在风风雨雨的数载教育教学的丰富人生历程中，他不但深入教学实际，而且还自己亲自参加教学实验，在教学第一线获得了尝试教学法的许多第一手的宝贵材料。在从事尝试教学法的实践探索的过程中，他从未停止过对其进行理论探究，理论与实践相得益彰的完美结合，结出的硕果便是广为各家、各方所称赞的尝试教学。正如他所云的，教育实践是教育理论的源泉，因而他始终没有离开讲台，他的许多新方法、新思想，都是在教育实践的过程中萌发出来的。书中纪录了邱学华与尝试教育的风雨路程，也无声地记载了他的尝试教育人生。

经典选读

学会尝试

当人们以饱满的热情迈入 21 世纪之后，每一个有责任感的人都对教育投入了极大的关注。联合国教科文组织在最近颁布的一份报告中，提出了 21 世纪教育的四个基本点：学习认知；学习做事；学习与人处世；学习和睦相处。这当然道出了教育在人与社会的持续发展中的作用。但对于中国教育来讲，我们思考最多的仍然是，为什么中国学生考试得心应手，而一走向社会则少有创新，无所适从。我们欣喜地看到，当代中国的素质教育呈现两大迹象：一是网络教育、远距离教育的急剧膨胀，在硬件方面已基本与国际接轨，为素质教育提供了物质基础；二是采用各种方式，如大力实施综合课程等，减轻学生负担，以实施真正的素质教育。但从根本上讲，网络的引进充其量只是教学手段的改变。在升学制度没有废除的情况下，仅依靠减负只能治标不治本。20 世纪的教育改革轰轰烈烈，但大多是教育体制的接轨和办学形式的多样化，而学生的自动性与创新精神的培养还未找到合适的途径。它们都不能使中国教育产生质的飞跃，唯有通过教育理念的改革，才能培养学生的"创新精神和实践能力"。面对中国教育理论与实践的残酷现实，欲使中国教育走出困境，我们的选择是，应尽快使学生"学会尝试"。

一、提出"学会尝试"的依据

（一）现实的痛苦反思

中国自古有重视教育的传统，孔子是世界上最早的教育家，造就了"尊师重教"的风气。中国的国民一向舍得在教育上花钱，中国的学生读的是世界上最难的教材，花费时间也是最多的。但最终的结果是，当代中国少有世界级的大师人物，少有影响人类进程的重大发明，出现了"只开花不结果"的教育现象。这表现为以下三个方面。

第一，中国学生在奥林匹克竞赛中，披金挂银，从不空手而归。但令人激动的场面隐含着人们深深的思考，这些成绩的取得，大都是经过强化训练突击而来的，选手们学得的只是应试技巧，是用已有的公式、法则、定义解决问题，而缺乏创造的底蕴。可以设想，这些被

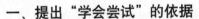

免试推荐升入名牌大学的人，很难在未来的科学发现与发明中有所作为。事实是最好的证明，在标志科学最高奖赏的诺贝尔奖中，世界已有四百多人获奖，有的仅一所大学就有几十人获奖。但中国至今还没有一个问津。因此，我们只能称奥林匹克竞赛奖章是一种形式主义的炫耀。中国的初等教育甚至中等教育在世界上有着良好的声誉，最近几年，外国的中小学生纷纷到中国留学，外国的中小学校竞相招聘中国的中小学教师。但我们的高等教育却不能令人满意。为什么美国的初等教育"一塌糊涂"，但美国的高等教育却赢得世界上最多的诺贝尔奖。原因很多，但有一点非常重要，美国的小学生没有过多的拘束，有很多的尝试机会，发散及思维能力极强。中国的小学生从不想尝试，只知道学习就是标准化的死记硬背，辐合思维能力很强。打开我们的小学课本，就会发现需要背诵的东西实在太多，好似背下来也就理解了。这是中国教育自身的悲剧。

第二，中国拥有世界上最多的科学研究人员，但大都千人一面，缺少学术争鸣和学术批评，很少提出对立的学术观点和体系，没有形成学术流派。所谓的科学研究，自然科学多为验证性实验，文科则表现为相互抄袭。这是中国教育事业带来的最大隐患。中国教育的不良表现形形色色，但最根本的是中国没有创造性。一个民族的创造力生成，需要一个长时期的发展过程，更需要一种创造的文化氛围。欲使中国教育走出困境，不能单纯地依靠网络的外部引进，也不能仅仅依靠教学办法的改革，而应在教育理论上进行彻底的革命。笔者认为，从中小学生甚至幼儿园起，让学生树立"学会尝试"的观念乃是长期的战略任务。

第三，中国有世界上最多的企业，企业中有众多的博士生、硕士生，但世界级的名牌都少得可怜。相反，瑞士是一个小国，却拥有手表、巧克力、军刀三大世界名牌。我们不禁思考，中国的教育怎么了，基础教育抓的轰轰烈烈，职业教育各有千秋，但一运用于实践就无声无息。这是中国教育投入的失败。

真正意义的学习不能只看与标准答案的符合程度，而应关注学习的过程。学会尝试，是从问题开始，经自学自我解决问题，再经讨论才去听教师讲解，是有主体意识的学习。"先试后导，先学后教，先练后讲"，其具体步骤是出示尝试题→自学课本→尝试练习→学习讨论→教师讲解。这是一种真正意义上的学习。

（二）现代教育家的共同主张

"学会尝试"是20世纪教育家的共同主张，大教育家叶圣陶在半个世纪前就批判教育的单向灌输现象。他说："从小学到中学，老师只是来讲的，学生也只是来听的；大学生也是这样，老师只管讲，学生只管听，会使学生养成依赖的心理和习惯。"人云亦云，不思进取，缺乏创造的渊源正是"先教后学"的机械模式，只有让学生学会尝试，才能从根本上改变这种情况，还学生以主体地位。关于这一点，叶圣陶给以生动描述"老师讲，目的是要达到不用讲，好比孩子学走路，先牵着他走，扶着他走，进一步让他自己走，在旁边护着他；最后完全可以放心了，就让他自己走，护也不用护了。"由此看来，学习分为三步：牵着走→旁边护着→自己走。这与传统教学（教师讲，学生听；教师是演员，学生是观众）是根本对立的。叶圣陶的教育观实际上可表示为：教师帮学生→学生大胆尝试→学生独立学习，中间一步起着承上启下的作用，也是当代教育最有效的一步。没有尝试学习，学生永远不会独立学习，要想让学生尝试成功，就要扶着他走，而不能你讲我听。

鲁迅是20世纪中国最伟大的文学家、思想家，他对许多问题的看法都入木三分。他对儿童教育尤其有许多闪光的见解，其中蕴含了"学会尝试"的呼唤。他以"小儿学步"为例，深刻揭示了尝试的意义。他说："孩子初学步的第一步，在成人看来，的确是幼稚、危险，不成样子，或者简直是可笑的。但无论怎样的是愚妇人，都是以急切的希望的心，看他跨出这第一步去，决不会因为他的走法幼稚，怕要阻碍阔人的路线而逼死他，也决不至于将他禁在床上，使他躺着研究能够飞跑时再下地。因为她知道：假如这么办，即使长到一百多岁也还是不会走路的。"这里鲁迅表达了以下观点：（1）对尝试中的失败，要有心理准备。"前途很远，也很暗，然而不要怕，不怕的人的面前才有路"；（2）期待儿童尝试成功；（3）没有尝试的学习，永远不能学会学习。与此相适应，鲁迅对于长者提出了自己的要求，"长者必须是指导者、协商者，却不该是命令者"。这与尝试教学中的教师角色是一样的。鲁迅对尝试者、创造者给予很高的赞扬，他一向鼓励人们去开拓、去尝试、去创造，这可从他对"路"的看法表现出来，"什么是路？就是从没路的地方践踏出来的，从只有荆棘的地方开辟出来的"。走"路"恰如"学习"，没有尝试的精神渗透其中，只能退化为机械的模仿。

在 20 世纪，既有博大的教育理论研究，又有实实在在的教育改革实验的教育家，陶行知当推第一人。他最有贡献的思想是创造教育思想。他明确提出"教的法子要根据学的法子，学的法子要根据做的法子"，做的法子就是不断尝试，自己探索。

学会尝试的思想有一个长久的历史，人类发展史就是不断尝试的历史。对社会作出贡献者，有相当数量的是在尝试中获得成功的，如发明大王爱迪生、数学家华罗庚等，其成就至今仍让科班出身的学习者望尘莫及。学会尝试的理论也有近百年的发展过程。20 世纪初的桑代克首次提出尝试错误法并进行大量实验，突出了尝试在学习中的地位。20 世纪后期，中国的教育改革者围绕"尝试"展开大规模的实验并升华出各具特色的教学理论。邱学华进行长达二十年的尝试教学实验，孕育出的尝试教学理论已得到人们的认可；另外顾泠沅提出"尝试指导，效果回授"；上海闸北区八中提出"尝试成功"，即是针对当代教育弊端而进行的发难。遗憾的是，"学会尝试"还未作为一种理念扎根于中小学教师的心目中，许多人还没有认识到尝试的地位与作用。

二、"学会尝试"的理性分析

(一)"学会尝试"可改变学习的基本素质

邱学华的尝试教学萌芽于小学数学改革实验，后延伸到中学、大学及幼儿园，具有长远的眼光。眼下有人感到中国人的创造素质较低，就说大学教育不行。这种观点是不对的，而应寻找教育的最终根源是基础教育满堂灌，学生懒于思考，从未尝试。幻想通过训练引导大学生搞发明创造，只能是异想天开。明智的做法是，在孩子一有学习能力，就要点燃起尝试的火花。一个人的研究与创造能力需要一个循序渐进的长时期的发展过程。如中小学只会接受，不敢也不会尝试，大学生决不会淋漓尽致地表达自己的观点。学会尝试要求学生独立自学，如自选研究论题、自学课本和参考资料、课外时间进行尝试性研究活动等。如果学生从小养成了"研究"习惯，长大之后必定以探索的目光看待一切学习活动。

令人高兴的是，"学会尝试"口号的提出与我国新世纪教育改革的趋势是一致的，在《基础教育课程改革纲要》中，研究性学习已被列入学校的课程计划，要求高中生必须修满288学时。"研究性学习"的宗旨是，通过让学生选择感兴趣的课题，培养学生分析问题和解决问题的能力，学会初步的研究方法，形成科学精神。选择课题进行研究，即让学生尝试学习，没有固定的答案，主要是让学生体验尝试的过程。高考实行"3+文理大综合"的改革，越来越重视综合课程。这是让学生尝试用不同学科的知识创造性解决生产、生活中的现实问题。课程计划中强化以"社会实践与调查"为主的活动课程，意在使学生尝试了解社会现象，提出各种合理化建议。这与以接受前人知识为主的传统教育有着本质的区别，当代教育是面向现实问题的大胆尝试。

(二) 学会尝试可构建新的教育评价观

学会尝试发生了两个转折，一是由"评分"到"评论"，评分是针对既定的标准答案而言，评论是针对尝试的过程而言；二是教师角色的转换，在学会尝试环境下的教师，不是专家指导者，而是一个探索者、高级的学习者，是向学生提供有用的东西。这样，教学过程就由单向的灌输过程变成师生共同探索和尝试的研究过程，是真正意义上的教和学。美国学者认为创造性的七大障碍之一，就是相信只有一个标准答案。事实表明，即使严密的数学虽答案较为固定，也可一题多解；语文课本身就带有很多模糊性、多义性的东西，大到语文宗旨，小到一句话、一个字，都可以仁者见仁，智者见智。但中国的学生几十年如一日一直在读考试用书。一直在研究标准答案，并记忆标准答案。这样的现状只能通过学会尝试才可彻底改变。学生尝试的表现形式有尝试思考、尝试表达、尝试研究。原来一堂趋向标准答案的机械学习，一旦有尝试的参与就会变成以发散思维为特征的创造性思维活动，由被动接受转为主动参与，逐渐培养起中小学生从小就亮明自己的观点，提出自己的看法，形成自己的思想。因此，在课堂教学中我们应使学生形成如下习惯不要总说"我和标准答案一样"，而是经常说："我认为……"，"我的结论是……"。

（三）学会尝试可培养学生的科学精神

尝试精神是一种真正的科学精神，它对待问题的方式是：先有自觉学习，再进行争鸣，最后才是教师的评价和引导。学会尝试可使学生正确地对待错误和失败。有的老师惧怕学生尝试失败，而不敢让学生尝试。实际上，正是在不断尝试的过程中，人们才学会学习。对学生尝试中的失误，应采取包容的态度，在尝试中纠正错误。真正的学习不仅要让学生体验成功的欢乐，还要经历失败的痛苦。只要体验过失败，才会反思为什么不成功，进而寻找成功的途径。甚至只有不断经历失败，才逐渐积累起成功的经验。学会尝试可让学生"体验失败，承受挫折"，这不仅是求知的前提，也是作为一个社会人的必备素质。

真正的学习都是带有个人意义的尝试学习。美国教育不仅在课堂教学上，鼓励学生采用不同的尝试方法，即使在家庭教育方面也处处渗透着全方位、立体化的尝试。比如，让婴儿从小单独睡觉，尝试一个人独处；孩子跌跤，父母不管，让他自己爬起来，自己的事情自己做；大人鼓励孩子做登山、攀岩、跳海等危险性运动，只有尝试冒险，才有开拓精神；18岁以下的孩子都自己挣钱读书，尝试生存；父母一般不给孩子继承权，使孩子有机会尝试经历自己的成功与失败。中国的家教强调示范、帮助，与美国教育截然相反。所以中国学生很难学会尝试。

三、"学会尝试"的构想

"学会尝试"并不是一种具体的学习策略，也不是简单的教学方法改革，而是具有严密理论体系的系统工程。经过十余年来的研究与实验，我们认为"学会尝试"包括以下几个要点。

（一）深刻理解"学会尝试"的教学论意义

传统教学模式下的学生学多"悟"少，这和课堂教学没有给学生"尝试"的机会有关。真正有意义的知识，是充分利用自己已有的经验"悟"出来的，而不是教师主动地"教出来"的。教出来的东西往往很快就忘，而悟出来的东西，经历了自己的主动尝试，在尝试过程中真正了解了知识的来龙去脉，则会终身难忘。有人曾给"素质"下过一个耐人寻味的定义，即"把老师教的东西忘掉之后剩下来的东西"。这其实是指自我感悟的东西、自我尝试的东西。

学会尝试不仅提高了学生的智力因素水平，还可以培养学生的非智力因素。学生尝试可以增强学生的自信心。学生面对尝试题，一般都有尝试的要求，有解决问题的愿望。根据邱学华的研究，利用课本的示范作用、教师的主导作用、学生讨论的相互作用，大多数情况下可以相信80%以上的学生尝试成功。尝试成功带来的极大内心喜悦，使学生从小就相信自己具备研究、发现的能力，这是素质教育中最重要的成份。相反，传统的教学一味等待教师讲解，自我解决问题的愿望也逐渐淡薄。

光依靠减负还不能彻底杜绝应试教育带来的弊端。面对应试教育带来的问题，我们的明智做法只能是尽量地让学生多尝试一些问题，多思考、研究、发现一些问题。提出"学会尝试"就是相信学生、相信人有自我发展的巨大潜能。实际上，人天生就是一个有个性、有思考、有追求的主体。鉴于此，就应该让孩子尝试学习，而不能一切都让教师讲得明明白白、清清楚楚、头头是道。放手大胆让学生尝试就是尊重学生的人格、尊严和权力。

(二)"学会尝试"的教学论体系

第一，在教学目标上，打破传统的行为目标的单一形态，强化展开性目的和表现性目标。行为目标突出外显行为的可测量性，在传授基础知识和形成基本技能方面有较大的优势。展开性目的主张教学是一个过程，注重学生的体验。只有当知识具有个人意义时，才证明学生已经真正掌握了知识。展开性目的适用于学生解决实际问题。表现性目标在培养学生创造精神方面是不可缺少的，把目标的着眼点放在了展开性目的与表现性目标上，它注重过程教学，特别强调让学生讲清算理，主张一题多解，鼓励学生大胆猜测，独立解决问题。学生在做尝试题时，由于知识程度不同，肯定会出现不同的答案。面对错误答案，教师不必惊慌。尝试教学的进展正是对错误的分析，让学生在过程中真正理解知识。学生经过自学课本、尝试练习、学生讨论，全身心地参与了教学，有了相互交流与学习的机会。在这个过程中，往往有独到的见解，创造精神也会慢慢培养起来。

第二，在课程形态上，打破学科课程一统天下的局面，加大活动课程、综合课程与隐蔽课程的比例。传统教学多依靠理论的灌输和抽象的讲解完成，这种从书本到书本，从概念到概念的模式，只能培养鹦鹉学舌的死记硬背人才。尝试教学注意到了学生的兴趣与需要，每堂课都有讨论，鼓励学生各抒己见，畅所欲言，充分利用了活动课程的优点。让学生学会尝试的终极目的是，培养学生利用综合知识分析问题与解决问题的能力，这就要强化综合课程的价值。在尝试的过程中，猜测、试一试、发现、相互学习、教师对学生的信任与尊重等，都可看作隐性课程的因素。以学科课程为基本形式，以活动课程、综合课程与隐蔽课程为补充形态，已成为当代课程改革的发展趋势，学生尝试顺应了这个大潮。

第三，在教学方法上，大力采用实验法、实习作业法、研究性学习法，处理好感性与理性、理论讲授与动手操作的关系。传统教学多采用强行灌注和机械训练的方法，尝试教学强调学生全身心参与，而不仅仅是抽象的推理、判断。即使对于抽象的数学，也要让学生亲自剪一剪、拼一拼、摆一摆，在实际的操作中把握抽象的理论。

第四，在教学手段上，要求尽快推广与普及现代化教学技术。早在20世纪90年代，就有人专门进行尝试教学与多媒体教学的协作研究。实验表明，现代教学手段的适用，为"学会尝试"提供了强有力的条件。加速了课堂教学尝试化的进程。试想，当需要掌握的信息可以生动逼真地随时呈现于屏幕上，有时学生还先于教师掌握一些知识，这时的教师再向学生讲些什么？这就会使教师的角色不得不由讲授者转为思考者、组织者、合作者，也向教师提出了更高的素质要求——学会尝试。面对新世纪的科技发展和经济变革，我们建议教育改革要同时抓好硬件与软件。所谓硬件，即尽快配齐多媒体液晶投影机、多媒体网络教室等，以减少学生的无效劳动，增加学生的尝试时间。所谓软件，即树立新的教育理念，提高师生的尝试素质，教学的目标是学会尝试。

第五，在教学形式上，特别注重个别教学，力求使每一个学生都得到发展。尝试教学并不是对学生撒手不管，而是时时刻刻关注学生对知识的掌握情况。如在尝试练习时，教师在巡回检查中发现典型问题，就为教师讲解提供了材料。一旦发现练习中的错误，主张当堂问题当堂解决，不让学生带着问题走。这就可以使每一个学生都得到充分发展。

（三）深刻理解"学会尝试"的内涵

学会尝试并不是专指认知领域，仅适用于学生创造性解决各种书本上的习题。而应延伸到情感领域，让学生尝试体验人生的各种喜怒哀乐、悲欢离合。也要延伸至意志领域，让学生尝试冒险、冲破规则，培养起目的性、自制性、坚持性，果断性等意志品质。尝试与其说是一种方法，毋宁说是一种精神、境界、信念、勇气。而后者恰恰被当代教育所忽视的，这就是敢于冒险的精神、不断向极限挑战的境界、尝试最终走向成功的信念、克服困难的意念。

学会尝试不局限于学习或智能方面，它是带有普遍意义的全方位尝试，应扩展至德育、体育、美育等方面。

就智育而言，我们提出以下六点建议。一是打破"教师讲学生听"的常规教学模式，大力推广先试后导、先学后教、先练后讲的模式，真正使学生成为学习的主人，教师成为尝试的引导者；二是鼓励学生尝试开拓阅读范围，扩大知识面。尤其要与经典、元典文化接触，重点帮助学生学会查阅资料，收集信息调查研究，自行完成力所能及的探索课题或论文；三是大力采用现代化教学手段，为学生独立探索和教学创造有利条件；四是鼓励学生进行小发明、小制作，并且进行科技成果的转化；五是最大限度地让学生参加辩论会、讲演会、夏令营等多种形式的活动；六是改革评价体系，重点考查学生的尝试勇气和创新意识。

就德育而言，应尝试让学生及早地认识社会，走向社会，培养他们适应社会的能力，不断迎接社会的挑战。重点培养学生学会服务、学会理财、学会贸易，在活动中潜移默化地生成科学的世界观和良好的道德品质。如针对学生多为独生子女，游手好闲的情况，可以让他们帮邻居带孩子、养羊养猪、帮助整理花园草地。针对学生花销大方，有浪费现象，可让学生到超级市场做装袋工，在录像带出租店上夜班，还可选定一天作为孩子与父母共同上班的日子，了解与学习父母的生存之道。这种教育比纯粹的书本教育要有效得多，可避免政治课考满分，思想品质极差的情况。更重要的，这些尝试拉近了学生与社会的距离，也明白了在学校应掌握什么样的知识，在社会自己应成为什么样的人才。

就体育而言，真正的体育不是循规蹈矩的达标，也不是让学生遵守纪律的手段，而是一种尝试勇气，冒险精神的培养。"任何激励人心的体育活动，都具有相当程度上原始的奔放自由、无拘无束的特征。"冒险、无拘无束正是突破常规的精神来源，是发现与创造的前提。体育是在以冒险精神为动力的运动中，体现出自发性、攻击性、情绪性的特点。我们建议，应适当增加为冲击极限而不断冒险的项目，如攀岩，蹦极、漂流、拳击、摩托车赛、汽车赛等。

就美育而言，不是通过设置美术课，音乐课，学会一些基本技能和技巧，而是开发想象力，培养审美情操。比如，画画可按照尝试教学的模式安排，每次先给一个题目（出示尝试题），再让学生结合课本自己琢磨（自学课本），想怎么画就怎么画（尝试练习），画完后教师讲评(教师讲解)。学画的过程，学生没有一点标准、要求，不设样板，不定模式，完全让学生进行发自内心的尝试。尝试的结果可能是"不成比例，不讲布局，不管结构，无方圆规矩，甚至连基本笔法都没有"，但毕竟在尝试的过程中具备了尝试的勇气。在这方面，中外学生的标准是不一样的。中国学生以"像不像"为标准，对照标准答案看"复印"得如何；美国学生的"好不好"为标准，是指"创造"得如何。中国教育最大的弊端，就是"模仿"、复印、"拷贝"、"克隆"以往的定性结论，而很少对其批判、改造、创新与发展，这与学生没有"学会尝试"有很大的关系。

总之，学会尝试既是教学的基本手段，也是教育的终极目的。如果在尝试中让学生学会尝试，一切教学教育活动即围绕尝试进行。那么，中国学生的素质肯定会有一个质的飞跃。

（部分内容有删改）